DISCOURS

DE

MONSIEUR LE CHANCELIER

D'AGUESSEAU.

Noms des Libraires Associés.

Chez
L. CELLOT, Imprimeur, rue des Grands-Augustins.
La veuve DESSAINT, rue du Foin, Saint-Jacques.
DELALAIN l'aîné, rue St.-Jacques,
NYON l'aîné, rue du Jardinet,
SAVOYE, rue Saint-Jacques,

DISCOURS
DE
MONSIEUR LE CHANCELIER
D'AGUESSEAU.

A PARIS,
Chez les LIBRAIRES ASSOCIÉS.

M. DCC. LXXXIII.

Avec Approbation, & Privilege du Roi.

VIE
DE M. LE CHANCELIER
D'AGUESSEAU.

HENRI-FRANÇOIS D'AGUESSEAU, Chancelier de France, Commandeur des Ordres du Roi, né à Limoges le 27 Novembre 1668, doit être mis au rang des Hommes illuſtres, ſoit comme Savant, ſoit comme Magiſtrat. Il étoit deſcendu, du côté paternel & du côté maternel, de familles diſtinguées par leurs ſervices. HENRI D'AGUESSEAU, Conſeiller d'Etat & au Conſeil Royal, ſon pere, & CLAIRE LE PICARD DE PERIGNY, ſa mere, lui fourniſſoient deux grands modeles; & l'on reconnoiſſoit en lui leurs différens caracteres. Il avoit un cœur vertueux, plein de douceur & de bonté, un esprit élevé, une imagination féconde en grandes images, qui lui fournissoit sans effort les expressions les plus lumineuses, & qui étoit toujours conduite par la raison ; une facilité surprenante pour apprendre, avec une mémoire prodigieuse qui acquéroit toujours, sans rien perdre de ce qu'elle avoit acquis. Son pere fut presque son seul maître. Il avoit senti dès son enfance tout ce qu'il pouvoit en attendre, & s'appliquoit à l'instruire, même dans le tems où des conjonctures difficiles lui donnoient le plus d'occupation dans l'Intendance du Languedoc. Les fréquens voyages qu'il étoit obligé de faire, étoient pour son fils, qui l'accompagnoit toujours avec quelques personnes d'esprit, autant d'exercices littéraires.

Une telle éducation lui donna tant d'ardeur pour les ſciences, qu'il parvint à les réunir preſque toutes. Il ſavoit la langue Françoiſe, non par le ſeul uſage, mais par principes ; le Latin, le Grec, l'Hébreu & d'autres langues orientales ; l'Italien, l'Eſpagnol, le Portugais & l'Anglois. Auſſi il diſoit quelquefois *que c'étoit un amuſement d'apprendre une langue*. La lecture des anciens Poëtes fut, ſelon ſon expreſſion, *une paſſion de ſa jeuneſſe*. La ſociété des deux grands Poëtes François, Racine & Boileau, faiſoit alors ſes délices, & il ne s'en permettoit point d'autres : lui-même faiſoit de très-beaux vers, & conſerva ce talent juſqu'à ſes dernieres années. Quoiqu'il le cachât, on le reconnoiſſoit dans ſa proſe même, qui avoit le feu noble & l'harmonie de la poéſie.

Son pere, qui lui avoit fait apprendre exactement les regles de l'art oratoire, l'engagea, après l'avoir appliqué ensuite à la philosophie, à lire encore pendant une année les anciens Orateurs. Il le mit par-là en état de les atteindre, en y joignant l'art de raisonner, si nécessaire, sur-tout dans le genre de l'éloquence qui a pour objet d'affermir l'autorité de la justice. Jamais il ne connut ni ne voulut employer d'autres moyens pour faire adopter ses pensées. Les ouvrages de Descartes, que son pere ne lui fit lire qu'après ceux qui étoient dans le goût de la philosophie d'Aristote, lui firent sentir, par la seule comparaison des uns & des autres, les avantages de cet ordre qui, en partant d'un point évident, conduit à une démonstration assurée. L'usage qu'il en faisoit dans les matieres de droit, y répandoit le plus grand jour. Il aimoit sur-tout les mathématiques : on l'a vu souvent, lorsqu'il étoit fatigué des affaires, prendre un livre de géométrie ou d'algebre. C'étoit un plaisir qu'il substituoit à ceux qui dissipent l'esprit, loin de le ranimer. Son principe étoit, que le changement seul d'occupation est un délassement ; & ce fut ainsi qu'au milieu des fonctions les plus pénibles il trouva le moyen d'étendre toujours ses connoissances jusqu'à la fin de sa vie. Il ne faisoit aucun voyage sans lire en chemin des ouvrages de philosophie, d'histoire, ou de critique. On sait jusqu'à quel point il avoit approfondi la science de son état. Il avoit lu & médité les loix tirées des Jurisconsultes Romains auxquelles il donnoit la préférence ; les constitutions des Empereurs, Grecques & Latines ; les ordonnances de nos Rois ; les coutumes, dont il avoit recherché la source dans les antiquités du droit féodal & de la Monarchie Françoise ; & s'étoit encore instruit des loix & des formes observées dans les autres Etats. Avec toutes ces sciences & un génie supérieur dont les premieres idées étoient toujours sûres, M. D'AGUESSEAU avoit une défiance extrême de ses lumieres. Il en faisoit usage, non pour paroître au-dessus des autres, mais pour leur être utile ; & il étoit le seul qui ne s'apperçût pas de tout le bien qu'il faisoit. Les principes de religion qu'il suivit toute sa vie, avoient éloigné de lui toutes les passions & toute autre vue que celle de faire du bien. Il ne pensa pas seulement à tirer aucune autre eſpece d'avantage des places qui vinrent le chercher, pendant qu'en philoſophe chrétien il n'aſpiroit ni au crédit, ni aux biens, ni aux honneurs. Il avoit fait le premier eſſai de ſes talens dans la charge d'Avocat du Roi au Châtelet, où il entra à l'âge de vingt-un ans : & quoiqu'il ne l'eût exercée que quelques mois, ſon pere ne douta pas qu'il ne fût capable de remplir une troiſieme charge d'Avocat-Général au Parlement, qui venoit d'être créée. Le feu Roi la lui donna par préférence à un autre ſujet, en diſant qu'il connoiſſoit aſſez le pere pour être aſſuré qu'il ne voudroit pas le tromper, même dans le témoignage qu'il lui avoit rendu de ſon fils. Il y parut d'abord avec tant d'éclat, que le célebre DENIS TALON, alors Préſident à

Mortier, dit qu'il voudroit finir comme ce jeune homme commençoit. Il suffisoit à une multitude d'affaires, les traitoit toutes à fond ; & souvent il découvroit des loix, des pieces, ou des raisons décisives qui avoient échappé aux Défenseurs des parties. Il réunissoit à l'érudition, l'ordre & la clarté des idées, la force du raisonnement & l'éloquence la plus brillante ; ce qui auroit fait croire que chacun de ses plaidoyers étoit le fruit d'une longue préparation. Cependant il n'en écrivoit ordinairement que le plan, & réservoit le travail d'une composition exacte pour les grandes causes, ou pour les réquisitoires qu'il fit lorsqu'il fut devenu premier Avocat-Général, & dont quelques-uns ont été imprimés. Ses harangues étoient régardées comme des chefs-d'œuvre d'éloquence.

Il employoit le loiſir de la campagne, pendant les vacances, à les compoſer, & à goûter au milieu de ſa famille la douceur de la vie privée, & de la ſociété de quelques amis ſavans. Il en jouiſſoit tranquillement, lorſqu'on vint lui apprendre qu'il avoit été nommé à la charge de Procureur-Général. Louis XIV l'avoit choiſi pour la remplir, ſur ce que le Premier Préſident de Harlay lui avoit dit de ſon mérite, quoiqu'il n'eût alors que trente-deux ans; & s'étoit fait un plaiſir d'apprendre lui-même ce choix à M. d'Agueſſeau ſon pere. A cette nouvelle, il ne penſa qu'à l'étendue des devoirs attachés à cette place, & les remplit tous avec une égale ſupériorité. Il montra ſa ſageſſe & ſa vigilance dans le détail de l'adminiſtration des hôpitaux, dans ſes vues pour le ſoulagement des pauvres des provinces, & dans les calamités publiques, telles que la diſette de 1709 qu'il avoit prévue le premier, ſur des obſervations qu'il fit à ſa campagne, & dont il avoit indiqué le remede, en conſeillant de faire venir des bleds avant que le mal eût produit une alarme générale. Le criminel lui étoit plus à charge, la ſévérité étant oppoſée à ſon caractere; & il ſe félicitoit lorſque ſon miniſtere ne l'obligeoit pas de rien ajouter à celle des premiers Juges. Ses obſervations ſur les loix qui concernent l'inſtruction criminelle, qui lui ſervirent depuis pour les perfectionner, & ſes réponſes aux lettres des Officiers du reſſort du Parlement, formoient comme une ſuite de déciſions ſur la juriſprudence & ſur leur diſcipline. Les affaires du Domaine fournissoient un champ vaste & plus agréable à ses recherches & à son éloquence, qui brilloit encore dans ses mercuriales. Dans celle qu'il fit après la mort de M. le Nain son ami & son successeur dans la charge d'Avocat-Général, il plaça un portrait de ce magistrat qui fit une impression si forte sur lui-même & sur les auditeurs, qu'il fut obligé de s'arrêter tout à la fois par sa propre douleur & par des applaudissemens qui s'éleverent au même instant. Il fut l'auteur de plusieurs réglemens autorisés par des arrêts, & chargé de la rédaction de plusieurs loix par M. le Chancelier de Pontchartrain qui lui prédit qu'il le remplaceroit un jour. D'autres Ministres, & le Roi lui-même, lui demandoient souvent des mémoires, qui étoient tous aussi solides que bien écrits. Il représentoit avec autant de candeur que de respect ce qu'il pensoit être du devoir indispensable de son ministere ; & on le crut menacé d'une disgrace à la fin du regne précédent. Au commencement de la régence, il fut honoré de la plus grande confiance, même sur les affaires d'Etat, par M. le Duc d'Orléans. Quoiqu'instruit des dispositions de ce Prince à son égard, il venoit de refuser de faire aucune démarche pour son élévation, lorsque M. le Chancelier Voisin mourut d'apoplexie la nuit du 22 Février 1717. Dès le matin, M. le Régent l'envoya chercher : il étoit sorti. Ce Prince envoya chez lui de nouveau, & lui apprit ensuite que son empressement étoit pour le nommer Chancelier, sans vouloir écouter ſes repréſentations. Jamais choix ne fut plus applaudi ; & l'on s'étonnoit de le voir à quarante-huit ans & quelques mois conduit juſqu'à la premiere charge du royaume, ſans en avoir jamais demandé ni deſiré aucune. Il y fut bientôt expoſé à des orages; il les vit ſe former ſans chercher à les détourner, éclater ſans en être ébranlé, & finir ſans reſſentiment, en s'attirant même l'eſtime & l'amitié de la plupart de ceux qui y avoient contribué. Sa premiere diſgrace arriva à la fin de Janvier 1718. M. le Régent envoya lui redemander les ſceaux, & lui ordonna de ſe retirer dans ſa terre de Freſnes. En 1720, il reçut ordre d'en revenir ſans l'avoir ſollicité, & les ſceaux lui furent rendus. Ils lui furent ôtés pour la ſeconde fois, & il retourna à Freſnes au mois de

Février 1722. Il n'en fut rappellé qu'au mois d'Août 1727, & reprit alors l'exercice d'une grande partie des fonctions dont il avoit été chargé auparavant; mais les ſceaux ne lui furent remis qu'en 1737. Maître de ſon tems pendant ſes deux ſéjours à Freſnes, il en employa une partie à l'étude des livres ſacrés, ſur leſquels il fit des notes ſavantes, après avoir comparé les textes écrits en différentes langues; une autre partie à rédiger les vues qu'il avoit conçues ſur la légiſlation; une autre à exercer lui-même ſes enfans ſur les belles-lettres & ſur le droit, & à compoſer pour eux un excellent plan d'études. Les mathématiques, la phyſique, la poéſie, l'agriculture, les plans qu'il ſe plaiſoit à faire exécuter ſous ſes yeux, & dans leſquels même on reconnoiſſoit la beauté de ſon génie, étoient ſes amuſemens. Ceux qui excelloient dans les beaux arts & dans les ſciences, s'empreſſoient de venir profiter de ſon loiſir & de ſes réflexions. En le ſuivant dans ce genre de vie, on auroit cru qu'il n'en avoit jamais connu d'autre. Il diſoit lui-même quelquefois, qu'il s'appliquoit à ces objets par goût, & aux affaires uniquement par devoir. Cependant on ne s'apperçut pas davantage, lorſqu'il recommença à s'en acquitter, qu'il eût ceſſé d'y penſer pendant pluſieurs années. Il ſe livra auſſi-tôt à un travail infatigable, qu'une ſanté conſervée par la ſobriété & l'éloignement de tout excès, lui fit ſoutenir juſques dans l'âge le plus avancé, qui ne diminua rien de la fleur de ſon eſprit. On trouvoit en lui l'interprête des loix le plus éclairé, le magiſtrat le plus attentif à les faire obſerver, & le plus ſage légiſlateur. Dans les aſſemblées dont il étoit le chef, il écoutoit les réflexions de chacun ſans laiſſer appercevoir les ſiennes; enſuite il développoit les vrais principes, en faiſant ſentir avec ménagement & comme en paſſant, ce qui pouvoit n'y être pas aſſez conforme; & il finiſſoit par des raiſons ſi fortes & ſi frappantes, que les uns ſe réuniſſoient à l'avis qu'il trouvoit le meilleur, les autres étoient ſurpris de ne les avoir pas propoſées pour le ſoutenir; & quelquefois tous revenoient à un avis que lui ſeul avoit ouvert. Il employoit la perſuaſion & l'exemple pour maintenir l'autorité de la loi; & s'il falloit la faire parler avec force pour rappeller au devoir, ſes expreſſions étoient moins le langage d'un ſupérieur que celui d'un pere. Il ſe faiſoit un plaiſir de marquer ſa confiance aux magiſtrats qui ſe diſtinguoient dans chaque province, de leur procurer ſouvent à leur inſu des bienfaits du Roi, que le déſir de récompenſer le mérite pouvoit ſeul l'engager à ſolliciter. Ses lettres aux premiers magiſtrats étoient également remplies d'inſtruction & de ſentiment. Auſſi ils l'aimoient autant qu'ils l'admiroient, & le regardoient comme leur modele & leur oracle. Il n'étoit pas moins aimé & honoré des ſavans même étrangers, qui trouvoient en lui un protecteur & une ſource de lumieres. Dans la derniere année de ſa vie, il fut conſulté, & écrivit une lettre remplie de réflexions auſſi ſolides que ſavantes qui furent ſuivies dans la réformation du calendrier qui ſe fit en Angleterre. ses vues sur la législation répondoient à l'élévation & à la maturité de son esprit : elles tendoient à établir une entiere uniformité dans l'exécution de chacune des anciennes loix, sans en changer le fond, & à y ajouter ce qui pouvoit manquer à leur perfection. Pour bien exécuter chaque partie d'un plan si étendu, il se proposa de travailler successivement à des loix qui se rapportoient à trois objets principaux ; les questions de droit, la forme de l'instruction judiciaire, & l'ordre des tribunaux. Sur chaque matiere, il prenoit les avis des principaux magistrats des compagnies & de plusieurs personnes du Conseil, rédigeoit lui-même les décisions, retouchoit plusieurs fois ce qu'il avoit rédigé, & consultoit encore des jurisconsultes, des magistrats distingués, avant que d'y mettre la derniere main. Ainsi chaque loi étoit l'ouvrage d'une longue méditation; & elle étoit reçue avec d'autant plus de confiance, qu'elle avoit été précédée d'un plus grand examen. S'il restoit encore quelques doutes, des lettres dignes du législateur les faisoient bientôt disparoître. Les ordonnances sur les donations, les testamens & les substitutions, remplirent en grande partie le premier objet; les ordonnances sur la poursuite du faux, & sur les évocations & les réglemens de Juges, concernent le second; aussi-bien que le réglement du Conseil de 1738, par lequel il procura aux parties, dont les affaires étoient décidées sous ses yeux, une forme de procéder aussi sûre qu'abrégée: la réunion qu'il fit des sieges royaux établis dans les mêmes villes, pour diminuer les degrés de jurisdiction, & plusieurs déclarations sur les fonctions de différentes compagnies ou d'autres officiers, se rapportent au troisieme objet. Il fit encore travailler à la réformation & à l'autorisation de quelques coutumes. Des travaux si immenses ne faisoient aucun tort au travail ordinaire de sa charge; souvent même il entroit dans la discussion la plus exacte de quelques affaires particulieres, par compassion pour des malheureux à qui il fournissoit des secours dont ils ignoroient l'auteur. Dans le cours de l'année 1750, il se vit obligé par des infirmités douloureuses d'interrompre souvent son travail, & résolut de quitter sa place : pensant, comme il l'expliqua lui-même, que la Providence l'y ayant appellé, lui avoit imposé

imposé l'obligation de la conserver tant qu'il avoit pu s'acquitter de tous ses devoirs ; mais que sa santé ne lui permettant plus d'en remplir qu'une partie, la même Providence lui donnoit un ordre contraire. Il écrivit donc au Roi, pour lui demander la permission de donner sa démission. Il la dicta lui-même, & fit, jusques dans cette occasion, des recherches dans des manuscrits de sa bibliotheque. Il en signa l'acte le même jour qu'il finissoit sa quatre-vingt-deuxieme année, après avoir été revêtu de la dignité de Chancelier pendant près de trente-quatre ans. Le lendemain il le remit au Comte de Saint-Florentin, Secrétaire d'Etat : & ses deux fils allerent avec ce ministre remettre les sceaux au Roi, qui lui conserva les honneurs de cette dignité avec

100000 livres de pension. Il en jouit peu de temps, & ne fut plus occupé qu'à faire usage, dans ses douleurs qui augmentoient de plus en plus, des expressions de l'Ecriture qui lui étoient toujours présentes, n'ayant passé aucun jour depuis son enfance sans la lire. Il mourut le 9 Février 1751. Il avoit épousé en 1694 ANNE LEFEVRE D'ORMESSON, qui étoit morte à Auteuil le premier Décembre 1735: il voulut être enterré auprès d'elle dans le cimetiere de cette Paroisse, pour partager, même après sa mort, l'humilité chrétienne d'une femme digne de lui. On peut voir dans ce cimetiere leurs épitaphes, au pied d'une croix que leurs enfans ont fait placer auprès de leur sépulture, dont les marbres ont été donnés par le Roi,

DISCOURS

Prononcé par M. TERRASSON, Avocat au Parlement de Paris, à la présentation des lettres de M. le Chancelier D'AGUESSEAU.

Le 2 Juin 1717.

MESSIEURS,

LA Justice ne croit pas interrompre ses fonctions, quand elle honore aujourd'hui son premier Ministre : engagée par les grands desseins qu'elle avoit sur lui, à le mettre dans ses voies, elle s'est hâtée de lui prodiguer ses lumieres & ses trésors ; & se faisant honneur du choix qui l'a élevé au plus haut degré de la magistrature, elle applaudit à cette élévation, comme à l'ouvrage de ses propres mains, & au triomphe de la loi même (1).

Ce que l'usage a établi pour la dignité, vous le ferez encore plus, Messieurs, par discernement & par goût pour la personne. Il ne manque à la grandeur de vos vues qu'un orateur qui les seconde, & qui puisse remplir au gré de l'esprit, comme au gré du cœur, l'emploi honorable, mais difficile, de parler du mérite de M. le Chancelier, & d'en parler devant vous. Dans cette situation, animé par les richesses de la matiere, & embarrassé par son étendue, je ne sais s'il ne faudroit point laisser à vos sentimens le soin d'un éloge que la parole ne peut qu'affoiblir.

Une réflexion soulage ici mon embarras ; c'est que du moins il m'est

(1) Ce discours fut prononcé à la Cour des Aides.

commun avec ceux (1) qui ont eu ailleurs la même fonction à remplir. La supériorité de leurs lumieres n'a servi peut-être qu'à leur faire appercevoir de plus près le danger de l'entreprise ; & quelque avantage qu'ils aient sur moi par leurs talents, ils me permettront de reconnoître entre nous une égalité d'impuissance à atteindre toute la hauteur du sujet.

Tel est le bizarre sort de l'éloquence : accoutumée à jeter des voiles sur de véritables défauts, ou des fleurs sur des vertus souvent équivoques, elle demeure comme interdite à la vue de ces mérites parfaits qui n'attendent rien de son art, & qui sont eux-mêmes, pour ainsi dire, leurs propres panégyristes.

Quel éloge, après tout, pourroit

---

(1) M. Tartarin, Avocat au Parlement, présenta quelques jours auparavant les mêmes lettres au Parlement.

faire autant d'honneur à M. le Chancelier, que le ſeul éclat de ſa réputation & de ſon nom? Quelle louange plus agréable & moins ſuſpecte à ſes yeux, que celle qui s'éleve du fond des cœurs, & qui, ſans préparation, ſans intérêt, ſort librement de la bouche de la Renommée? Ne nous flattons point: les couleurs les plus recherchées, les traits les plus vifs, font moins pour ſa gloire, que ces acclamations ſubites dont toute la France a retenti au premier bruit de ſon élévation; & il me ſemble que, pour être quitte de mon miniſtere, il me ſuffiroit de vous rappeller ce jour heureux & encore heureux, où une joie ſincere & générale, un murmure confus d'applaudiſſemens dans tous les états, fit d'abord regarder comme la félicité du nouveau regne, le choix que l'auguſte Régent venoit de faire.

Cependant puiſqu'on attend quelque choſe de plus en cette occaſion,

J'essaierai de répondre à l'attente de cette illustre assemblée, trop équitable pour exiger que je surmonte les obstacles glorieux qui se trouvent dans le sujet même, & assez indulgente pour excuser les défauts que je ne devrai qu'à ma foiblesse.

Si les ancêtres de M. le Chancelier pouvoient trouver place dans un discours dont les bornes sont déjà trop étroites pour lui seul, un aïeul premier Président du Parlement de Bourdeaux, un pere Conseiller d'Etat ordinaire & admis au Conseil Royal, offriroient d'abord à vos yeux les premieres distinctions de la robe. Mais, ni dans l'aïeul, ni dans le pere, il ne faut louer que ce que M. le Chancelier lui-même y a trouvé de plus louable, les lumieres & les vertus. L'un, à la tête d'un grand Parlement, en a fait l'honneur & les délices, & a mérité dans l'histoire publique de la province de Saintonge un éloge (1) qui passera à la postérité, pour servir de monument à sa gloire & à celle de ses descendans. L'autre n'a pas encore besoin que l'histoire nous instruise de ce qu'il a fait: témoins d'une partie de ses actions, nous pourrions en être nous-mêmes les historiens. Les différentes provinces qu'il a régies comme Intendant, n'oublieront jamais qu'ayant accepté ce titre avec peine, il en a rempli les devoirs avec fidélité; que, placé, pour ainsi dire, entre le Prince dont il recevoit les ordres, & les peuples dont il écoutoit les plaintes, il a su, dans cette situation délicate, concilier les besoins de l'Etat avec ceux des particuliers, & maintenir par la douceur de son caractere, plus que par l'autorité, les droits de la puissauce royale.

Ces provinces se souviendront, qu'obligé par la rigueur des Edits à

(1) Voyez cet Eloge ci-après, page 55.

pourſuivre l'héréſie rebelle & fugitive, il ſe rendoit le médiateur des coupables, dès qu'il appercevoit en eux des diſpoſitions à ne l'être plus; que ſouvent, par l'inſinuation de ſes diſcours, il devenoit l'apôtre de ceux dont il ſemble n'être que le juge; & que, quoique la religion conſacrât en apparence l'uſage des armes contre ces aveugles victimes de l'erreur, il aimoit mieux prendre ſur l'autel le flambeau pour les conduite, que le glaive pour les immoler (1).

(1) Dans l'Eloge de M. Teſſier, inſéré dans les *Nouvelles Littéraires*, du 15 Août 1716, tome IV, page 129, on verra une preuve de cet eſprit de douceur que M. d'Agueſſeau fit paroître en Languedoc, où l'on a eu tant de raiſons dans la ſuite de regretter cet illuſtre magiſtrat. Voici ce qui regarde M. Teſſier. » Mais après ſon mariage, ayant ſujet de craindre quelques » procès, à cauſe des biens de ſa femme, il » tâcha de s'acquérir la bienveillance de M. » d'Agueſſeau, Intendant de la Province. Il

Appellé depuis à tous les Conseils du Roi, il a soutenu la réputation qu'il s'étoit acquise dans les Intendances, & ne s'en est jamais prévalu. Sa capacité affermie par l'expérience étoit aussi soigneuse à se cacher, que l'ignorance présompruеuse est empressée à se produire. Dans le Conseil ordinaire, il proposoit ses avis sans ostentation, écoutoit ceux des autres sans

---

» eut le bonheur d'y réussir: & quoique dans
» les affaires de religion il fût très-mal aisé
» d'obtenir alors quelque justice des Inten-
» dans sur les demandes même les mieux
» fondées, M. Tessier ne laissa pas d'obtenir
» des ordres pour faire cesser des violences
» que l'on faisoit dans quelques villages des
» Cévennes où sa femme avoit du bien. Il
» obtint encore quelques démarches pour lui
» en particulier, & plusieurs marques d'af-
» fection dans les conversations familieres
» dont cet Intendant l'honoroit quelquefois.
» Mais la ruine des Réformés étant résolue
» à la Cour, il fallut se résoudre à quitter la
» France ».

jalousie, n'ayant que la loi pour guide & la justice pour objet ; aussi content d'appercevoir la vérité par les lumieres d'autrui, que par les siennes ; ne cherchant qu'à la découvrir, sans se faire honneur de la découverte.

Dans le Conseil Royal des Finances, il séparoit les véritables intentions du Prince d'avec les entreprises des Traitans, la loi de la nécessité d'avec les prétextes de l'avarice, les moyens de soutenir le royaume d'avec ceux qui alloient à accabler les sujets.

Dans le Conseil de Commerce, son exactitude rassembloit les différentes vues qui lui étoient proposées ; & sa prudence choisissoit toujours les plus sûres. C'est par sa prévoyance & par ses soins, qu'au milieu de tant de guerres cruelles qui se sont suivies de près, la France a trouvé, dans l'abonpance & les richesses de son commerce, de quoi se passer des correspondances étrangeres.

Un projet de réformation générale le fit choisir dans le Conseil pour parcourir diverses provinces du royaume ; & par des mémoires exacts, ouvrage digne de son zele & de sa pénétration, il indiqua les changemens que le bien de l'Etat sembloit demander. Par-tout où sa fonction le conduisit, il gagna le cœur des peuples. S'il avoit auprès d'eux, par le choix du Roi, la qualité de Commissaire chargé de ses ordres, il tenoit de leur affection le titre plus doux de protecteur & de pere : & pour l'honneur de la vertu, il ne faut pas omettre ici une circonstance rare, & peut-être unique en sa faveur ; c'est que les mêmes provinces qui l'ont possédé autrefois comme Intendant, & à qui des fonctions plus glorieuses l'avoient enlevé depuis un grand nombre d'années, l'ont toujours eu si présent à leur souvenir, que de leur propre mouvement, sur le premier avis qu'elles ont eu de sa mort, elles lui ont rendu, par des devoirs funebres & par des prieres publiques, le tribut religieux de leur zele & de leur reconnoissance.

Ce qui relevoit sur-tout en lui tant de qualités personnelles, c'étoit l'extrême modestie dont il prenoit soin de les couvrir. Plus ses services lui attiroient l'estime du Prince, l'amour des peuples, l'accroissement des honneurs, plus il évitoit le faste qui en est comme inséparable. Ses vertus seules faisoient sa parure, sa suite, sa cour, & tous les ornemens de son rang; elles lui donnoient cet air de dignité, que souvent les dignités ne donnent pas sans la vertu, & que la vertu donne quelquefois indépendamment des dignités. En un mot, il retraçoit à nos yeux l'aimable innocence de ces premiers temps, où le mérite simple & modeste se suffisoit à lui-même, & tiroit de sa simplicité tout son éclat.

Mais rien ne fait plus d'honneur à

ſa mémoire, que d'avoir laiſſé autant d'imitateurs de ſes vertus, que d'héritiers de ſon nom; d'avoir formé, par ſes exemples encore plus que par ſes inſtructions, une famille où la ſageſſe & la piété ont fixé, ce ſemble, leur demeure; d'avoir donné à l'Egliſe un parfait (1) Miniſtre, content d'édifier une paroiſſe, lorſqu'il pourroit gouverner un dioceſe; au Parlement un grand (2) Magiſtrat, moins empreſſé de ſa dignité, que du mérite qui en fait la gloire; & à l'Etat entier l'illuſtre Chancelier qui attire aujourd'hui nos hommages, & qui a été le modele de la magiſtrature, avant que d'en devenir le chef.

En louant les plus grands hommes, on évite bien ſouvent de porter la vue ſur leurs premieres années, de peur d'y

---

(1) M. l'Abbé d'Agueſſeau.

(2) M. de Verjoint.

trouver des passions à couvrir, & des foiblesses à excuser. Rien de semblable n'est à craindre en parcourant la jeunesse de M. d'Aguesseau ; jamais il n'a fait un seul pas hors des voies étroites de la sagesse; ce qu'il a eu de printemps de l'âge, c'est le feu de l'imagination, la vivacité de l'esprit, les prodiges de la mémoire. On remarqua qu'il étoit jeune, pour faire plus d'honneur à ses vertus, & jamais pour justifier aucun défaut.

Sorti à peine des écoles de jurisprudence, où il avoit plus d'une fois étonné les maîtres, il devint l'homme du Roi dans la (1) jurisdiction ordinaire ; & comme le mérite abrege le temps des épreuves, il passa six mois après au Parlement, où il a soutenu avec autant de zele que de prudence, avec autant d'éloquence que d'érudition, les fonctions pénibles

(1) Le Châtelet.

de la charge d'Avocat-Général. Pour en remplir toute l'étendue, il ne compta ni sur les facilités qu'il trouvoit dans son génie, ni sur les secours qu'il attendoit de l'expérience; il commença par une étude réglée des loix Romaines. Ces sages loix qui, dès leur naissance, sans autre force que celles qu'elles tiroient d'elles-mêmes, se sont répandues chez tant de nations différentes, furent le premier & peut-être le plus cher objet de son application. Il y puisa ces principes lumineux, ces grandes maximes qui renferment presque toutes les décisions, ou qui y conduisent; qui préparent à l'étude des autres loix, & en facilitent l'usage; qui commandent, du moins par la raison, dans les pays mêmes où elles ne regnent pas par l'autorité.

A l'étude profonde des loix civiles, il joignit bientôt celle des ordonnances & des coutumes; & jamais peut-être en si peu de tems on n'a vu tant de connoiſſances réunies par les ſecours mutuels de l'eſprit & de la mémoire. L'eſprit vif & infagatible recueilloit avidemment les fruits d'une lecture aſſidue, pour en charger la mémoire ; & la mémoire fidele rendoit aux premiers beſoins de l'eſprit tout ce qu'elle avoit reçu en dépôt. Cette précieuſe dépoſitaire des tréſors de la ſcience a été miſe à des épreuves fréquentes, qui n'ont jamais démenti ſa fidélité. Elle a ſoutenu des diſcours rapides de pluſieurs heures, ſans ſe méprendre un inſtant ; je ne dis pas ſur une citation, ni ſur un fait, mais ſur un nom, & ſur une date ; & en jouiſſant de toute la gloire qui lui étoit propre, elle n'a fait que relever celle du jugement qui ſouvent lui eſt oppoſé. Quel ordre, quelle clarté ne répandoit pas M. d'Agueſſeau dans les queſtions les plus embarraſſées & les plus obſcures ! Une matiere déjà épuiſée en d'autres mains, ſe renouvelloit dans les ſiennes : c'étoit la même cauſe par les circonſtances & par les faits ; ce n'étoit plus la même par la maniere, par les tours. Son imagination ornée changeoit en fleurs les épines de la juriſprudence ; tout ce qu'il manioit étoit embelli, & ne l'étoit cependant que juſqu'à un certain point : également éloigné d'une affectation puérile qui énerve le langage des loix, & d'une ſimplicité rampante qui en avilit la majeſté.

Dans ſes plaidoyers ſolides & éloquens, la bonne cauſe ne perdoit pas un ſeul avantage ; la mauvaiſe ne cachoit pas un ſeul endroit foible. La vérité & l'erreur ſe montroient ſous toutes les faces, & avec toutes les couleurs dont elles étoient ſuſceptibles. Il avoit le rare ſecret de convaincre à la fois les juges & les parties ; d'entraîner les ſuffrages des uns par la force de ſes raiſons, & de triompher par la même voie de l'opiniâtreté des autres. Le plus aveugle plaideur ouvroit les yeux à la lumiere qui lui découvroit ſon égarement ; & tel, ſur les préjugés de la paſſion, s'étoit flatté de la victoire, qui, combattu par de nouvelles armes, ſe trouvoit préparé à la défaite, & n'avoit d'autre regret que de s'être engagé témérairement dans le combat.

Heureux barreau, qui fûtes témoin de tant de merveilles, vous auriez voulu en jouir toujours pour votre inſtruction ; mais ce qui vous faiſoit ſouhaiter cet avantage, ne vous permettoit pas de l'eſpérer. Les mêmes vertus que vous admiriez dans ce magiſtrat, vous l'enleverent ; & tel eſt l'utile progrès de la deſtinée des grands hommes, que juſqu'à ce qu'ils ſoient parvenus au comble des dignités, tout le mérite qu'ils font paroître dans les places moins éminentes, eſt une raiſon pour les élever davantage. La juſtice, Meſſieurs, ouvre un nouveau théâtre aux talens de M. d'Agueſſeau : il avoit employé & presque épuisé sa voix pour elle; il va lui rendre de nouveaux services par sa plume : services qui, dépouillés de l'éclat des actions publiques, n'en deviennent par-là que plus difficiles & en même-temps plus glorieux. Dans le grand jour du barreau, la majesté du tribunal, la présence des juges, le concours des auditeurs, flattent & animent en un sens le ministere public. Il est, si je l'ose dire, payé sur-le-champ de ses travaux par l'applaudissement dont ils sont suivis, & par l'honneur qui lui en revient: la justice le couronne dans le lieu même où il combat; & le triomphe de la bonne cause devient à ses yeux le sien propre. Dans l'intérieur du parquet, les fonctions sont plus paisibles & moins brillantes; on s'épuise obscurément à examiner des titres & des procédures; on discute en secret le droit des parties: & comme les peines que donne cette discussion sont cachées aux yeux du public, elles n'attirent pour l'ordinaire ni sa reconnoissance, ni ses éloges. Quel zele ne faut-il pas pour soutenir, par le seul amour du devoir, le poids rebutant d'un travail froid & uni, qui n'a point de spectateurs, & qui fait mouvoir tout le corps de la justice, sans qu'on voie presque jamais la main qui y donne le mouvement !

Ce qui auroit pu être une source d'affoiblissement pour un mérite commun, a été pour M. d'Aguesseau une heureuse épreuve du courage. Parvenu au plus haut point de réputation dans la charge d'Avocat-Général, il s'ouvrit dans celle de Procureur-Général de nouvelles routes à la gloire. Jamais le glaive ni le bouclier de la justice n'ont été confiés à des mains plus pures & plus habiles. La timide innocence se rassuroit à sa vue; le crime orgueilleux frémissoit. Appliqué aux petits intérêts comme aux grands, il étoit aussi satisfait lorsque, sans bruit & sans témoins, il sauvoit le foible de l'oppression, que lorsqu'au milieu des applaudissemens du barreau, il balançoit dans une audience publique les droits les plus éclatans: doux & accessible quand il falloit s'éclaircir; ferme & inébranlable quand il étoit temps de conclure; exact dans la discussion des moyens, pour se déterminer avec connoissance; scrupuleux même avant que de prendre son parti, pour ne l'être plus après l'avoir pris.

Chargé principalement de la défense du droit public, il en étudia les principes dans les bonnes sources, & les perfectionna par ses propres vues. Nous nous souviendrons long-tems de cette fatale année, où la nature refusa ses dons ordinaires, & où l'avarice cachoit ceux des années précédentes. Nous n'oublierons pas aussi que, par des recherches laborieuses, par d'utiles ressources, le magistrat que nous louons contribua plus que personne à sauver la France des extrémités de la disette.

L'ordre des jurisdictions, l'intérêt des hôpitaux, les affaires du Clergé, celles de l'Etat, occuperent tour à-tour son attention, & ne la lasserent jamais. La capacité de son génie s'étendoit à mille fonctions différentes, sans se relâcher sur aucune. Avec quelle vigueur n'a-t-il pas maintenu le patrimoine sacré de nos Rois contre les entreprises de l'usurpation! Avec quel travail n'a t-il pas déterré d'anciens titres ensevelis jusques dans l'obscurité & dans l'oubli! Avec quel art n'en a-t-il pas fait valoir les inductions par de solides écrits, dignes de passer des mains des juges dans celles de tous les savans, comme des morceaux précieux d'histoire & d'érudition!

Il a même hasardé de déplaire au Prince, pour le servir; de résister à ses ordres, pour demeurer fidele à ses intérêts, de préférer sa gloire réelle à sa volonté apparente; de démêler dans la droiture de ses intentions les surprises faites à sa piété; & de contredire humblement son autorité, pour ne la pas commettre dans une entreprise qui blessoit les droits de la couronne: fermeté d'autant plus digne d'admiration, qu'elle l'exposoit à tout; & que combattu entre les mouvemens du cœur qui l'attachoient tendrement au Roi, & les lumieres de l'esprit qui lui montroient les engagemens austeres de sa charge, il avoit pris le parti d'être, s'il le falloit, la victime, plutôt que le destructeur de nos libertés.

Quand la vertu sort victorieuse de tels combats, elle n'a plus besoin d'autres épreuves; il ne lui faut que des couronnes. Celle qui est due à tant de travaux, ne s'est pas fait attendre long-tems. A peine un Chancelier, qui, par l'étendue de son zele, avoit su allier les soins de la guerre avec ceux de la justice, nous échappe subitement,

tement, qu'en apprenant ſa mort nous apprenons que M. d'Agueſſeau remplit ſa place. Surpris du coup imprévu qui donnoit lieu à ce choix, nous ne l'avons pas été du choix même; il n'a étonné que la modeſtie de celui ſur qui il eſt tombé. Le Prince, en procurant ce bonheur aux peuples, a ajouté un nouveau trait à ſa propre gloire: par-là il a donné un fidele oracle aux Conſeils du Roi, une vive lumiere à ſa juſtice, un canal pur à ſes graces, un aſyle aſſuré à l'innocence, un frein ſévere à l'iniquité, un ornement & un appui à tout l'Etat. Il falloit une éloquence noble & facile pour faire parler le Roi dignement; une prudence éclairée pour diſcerner dans l'uſage de ſa clémence les ſurpriſes de la paſſion d'avec la noirceur du deſſein; un zele diſcret pour maintenir la force des jugemens, ſans affoiblir l'autorité des ordonnances; un ſage milieu entre la ſévérité outrée & l'excès de la condescendance; une égale attention aux droits de l'Eglise & à ceux de l'Etat. Tous ces talens, séparés ailleurs, se rassemblent dans M. le Chancelier; il n'en laisse desirer aucun.

Il ajoute encore aux qualités éclatantes du chef de la justice, les vertus paisibles du chef de famille. Attaché par goût à une (1) épouse en qui les graces de la modestie relevent celles de la nature, dont le nom semble annoncer la sagesse même, dont la famille a fait l'honneur des Intendances & répand un nouvel éclat dans les Conseils; il trouve dans cette société domestique le bonheur de la vie publique. Là, sous les douces loix du

(1) Elle étoit sœur de M. d'Ormesson, alors Maître des Requêtes, depuis Conseiller d'Etat & au Conseil Royal, & Intendant des Finances, mort en 1756; & fille de M. Lefebvre d'Ormesson, mort Intendant de Lyon.

devoir, s'élevent de dignes enfans, qui, dans la fleur des vertus naissantes, font entrevoir les fruits d'une éducation parfaite, & envisagent moins l'élévation du pere par l'éclat qui y est attaché, que par le mérite qu'il l'y a conduit. Là, on ignore l'usage des plaisirs frivoles qui amusent l'inutilité; on ne se délasse des occupations sérieuses que par la belle littérature. Du même fonds où regne la gravité du ministere de juge, sortent les graces d'une érudition ornée: le jurisconsulte, le magistrat cache un critique judicieux, un excellent grammairien, un orateur parfait, un esprit du premier ordre, qui, partagé entre un grand nombre de sciences, est aussi profond sur chacune, que s'il en avoit fait sa seule étude.

Mais ne seroit-ce point dans une académie littéraire, plutôt que dans un tribunal de justice, qu'il faudroit célébrer cette partie de son éloge?

Non, Messieurs: la justice ne sauroit désavouer des louanges où elle a toujours la meilleure part. C'est à son culte & à ses loix que M. le Chancelier a été principalement attaché; & si, par une espece d'infidélité passagere, la seule qu'il lui ait jamais faite, il a porté sa curiosité à d'autres objets, c'étoit pour remplir innocemment les intervalles de repos que laissent les grandes affaires. Il employoit à enrichir & à perfectionner sa raison, le loisir précieux dont d'autres abusent pour affoiblir & gâter la leur. Jamais il ne perdoit ses fonctions de vue, même en les quittant. Il ne les quittoit que pour les reprendre peu de tems après, avec plus d'agrément pour lui-même, & d'utilité pour le public, en acquérant de nouvelles lumieres.

Qui pourra donc mieux veiller sur le vaste empire de la justice, que ce génie universel qui en connoît toute l'étendue? Sa vigilance ne servira qu'à lui rendre plus cher & plus estimable le tribunal où j'ai l'honneur de présenter aujourd'hui ses lettres. Il voit à la tête de ce tribunal un nom ancien & illustre dans la magistrature, de grandes vertus dans un âge peu avancé (1); & pour tout dire en un seul mot, l'aïeul respectable fidellement retracé dans le petit-fils avec les traits nouveaux & brillans que la jeunesse prête au mérite. Il voit dans les membres comme dans le chef, un esprit de regle & d'équité, un heureux accord d'intentions & de lumieres pour le bien commun, un empressement exact à conserver les droits du Roi en ménageant l'intérêt des peuples. Ces avantages précieux, qui

(1) M. le Camus, premier Président de la Cour des Aides, & qui avoit succédé en cette charge à son aïeul, n'avoit guere que trente-un ou trente-deux ans.

font la ſatisfaction & le bonheur du public, ne contribueront pas peu à la gloire de M. le Chancelier, qui eſt inſéparable de celle de la juſtice, & qu'une main plus habile (1) va dédommager de ce que les foibles traits de la mienne lui auront fait perdre.

---

(1) M. l'Avocat-Général.

EXTRAIT DE L'HISTOIRE DE SAINTONGE *,

PAR ARMAND MAICHIN;

Sur la famille de M. D'AGUESSEAU.

CETTE noble & ancienne Maiſon de *Cumont* a fait diverſes alliances avec pluſieurs perſonnes de qualité : mais elle a été principalement alliée des Seigneurs *de la Roche-Joubert* & *d'Agueſſeau.*

Quant à la Maiſon *d'Agueſſeau*, je trouve qu'*Olivier d'Agueſſeau*, Ecuyer, Seigneur de Rabaine, de S. Martin & de la Cailletiere, eut deux fils & trois filles. Son fils aîné, nommé *Pierre d'Agueſſeau*, fut Lieutenant-Général de Saint-Jean d'Angely : & dans l'exercice de cette charge, qu'il poſſéda pluſieurs années, il donna des marques éclatantes de ſa vertu & de ſa capa-

* Seconde partie, page 135, édit de 1671.

cité, & ſur-tout de ſa fidélité inébranlable, de ſa fermeté & de ſon ardeur pour le ſervice du Roi & la défenſe de l'Egliſe. Il fut Maire de Saint-Jean en 1542 & 1563. Et, de ſa femme nommée *Mathurine de Cumont*, ſœur de *Chriſtophe de Cumont*, Lieutenant particulier de Saint Jean d'Angely, & fille de Jean de Cumont, Ecuyer, Seigneur de Voiſſay, il eut un fils, nommé *Chriſtophe d'Agueſſeau*, Ecuyer, Seigneur de la Cailletiere, qui fut pere de Meſſire ANTOINE D'AGUESSEAU, Chevalier, Conſeiller du Roi en ſes Conſeils d'Etat & Privé, & premier Préſident en la Cour de Parlement de Bourdeaux. Il n'eſt pas poſſible d'exprimer aſſez dignement les belles qualités de ce grand homme, que toute la France a regardé comme une merveille & comme un prodige tout-à-fait extraordinaire de ſcience & de vertu. Ces beaux rayons de lumiere, ces dons & ces tréſors ſpirituels qui ſortent du ſein de la divinité, & qui portent ſes titres, ſes livrées & ſes caracteres, ne ſe trouvent pas tous ordinairement recueillis dans une même perſonne: ils ſe diviſent & ſe partagent en diverſes portions, comme un héritage qui tombe entre les mains de pluſieurs freres; & il eſt bien rare de voir ces grands ornemens & ces épanchemens admirables retenus & renfermés dans une ſeule ame, comme dans un ſanctuaire de gloire & de perfection. Mais comme Dieu ſe plaît quelquefois de ſurpaſſer les regles & la portée de la nature matérielle & ſenſible, par un effet de ſa toute-puiſſance & de ſa grandeur, il ſe plaît auſſi de répandre & de verſer avec profuſion des dons excellens & des qualités ſupérieures & prédominantes dans les ames de ceux qu'il chérit avec des tendreſſes particulieres: & on peut dire, avec vérité, que M. le premier Préſident *d'Agueſſeau* étoit comme un de ces miroirs intelligens qui reçoivent immédiatement le lustre, la splendeur & l'éclat de la divinité dans leurs glaces vives & luisantes; & qu'il possédoit éminemment & sans réserve tous ces trésors & ces précieuses qualités que Dieu ne communique ordinairement que par dégrés & par mesure aux personnes mêmes les plus excellentes. Il a été marié diverses fois, & conséquemment il a eu divers enfans. Mais entr'autres, Messire HENRI-FRANÇOIS D'AGUESSEAU, Conseiller du Roi en ses Conseils d'Etat & Privé, Maître des Requêtes ordinaire de son Hôtel, Président en son Grand-Conseil, & Intendant de la Province de Guienne, est le principal héritier de ses vertus & de ses grandes qualités. Quelle merveille, qu'à l'âge de trente-cinq ans il ait pénétré tous les mysteres des hautes sciences, qu'il se soit enrichi de leurs trésors, qu'il soit rempli de leurs lumieres, & revêtu de tous ſeurs plus beaux & plus précieux ornemens! Quelle merveille, dis-je, que dans cette ſaiſon de la vie où le ſang eſt le plus chaud & le plus impétueux, il ait pu vaincre tous les vices, calmer toutes ſes paſſions, & modérer avec un empire ſouverain & abſolu tous les mouvemens de ſon ame! Et ne doit-on pas dire de lui qu'il a un entendement double, comme parle Philon, parce qu'il poſſede éminemment toute la prudence & la capacité des grands magiſtrats, qu'il a toutes les qualités requiſes pour le gouvernement, & que ſon cœur eſt le ſanctuaire de la vertu?

Le second fils d'*Olivier d'Agueſſeau*, Écuyer, Seigneur de Rabaine de Saint-Martin & de la Cailletiere, fut *Jacques d'Agueſſeau*, Ecuyer, Seigneur de Maſtan en Oléron, lequel eſt mort ſans enfans. Sa fille aînée, nommée *Françoiſe*, fut mariée avec *Chriſtophe de Cumont*, Ecuyer, Seigneur de Voiſſay & de Fiefbrun, Lieutenant particulier de S.-Jean-d'Angely, dont je suis venu par le moyen de Damoiselle *Catherine de Cumont*, mon aïeule. La seconde, qui s'appeloit *Mathurine d'Aguesseau*, fut mariée avec le Seigneur des Hommeaux & de Chartres : & la troisieme, nommée *Heliette*, avec *Bonaventure de Lauriere*, Ecuyer, qui fut pourvu d'un office de Conseiller au Parlement de Toulouse ; mais il ne l'exerça jamais, parce qu'il se noya dans la riviere de Garonne, devant son installation. ...

Au reste, ceux de *Cumont* portent pour armes, d'azur, à une croix pattée d'argent, & ont deux anges pour supports, qui est une marque de grande noblesse ; car il n'y a ordinairement que les armes de France qui soient portées par des anges. Ceux d'*Aguesseau* ont l'écu d'azur, chargé de deux fasces d'or, accompagnées de cinq coquilles d'argent, trois en chef & deux en pointe, un croissant montant d'argent soutenant le tout, & deux tritons pour supports.

DISCOURS
DE M. LE CHANCELIER D'AGUESSEAU.

PREMIER DISCOURS.
L'UNION DE LA PHILOSOPHIE ET DE L'ÉLOQUENCE.

Ouverture des Audiences, 1695.

C'EST en vain que l'orateur se flatte d'avoir le talent de persuader les hommes, s'il n'a acquis celui de les connoître.

L'étude de la morale & celle de l'éloquence sont nées en même tems; & leur union est aussi ancienne dans le monde, que celle de la pensée & de la parole.

On ne séparoit point autrefois deux sciences, qui, par leur nature, sont inséparables: le philosophe & l'orateur possédoient en commun l'empire de la sagesse; ils entretenoient un heureux commerce, une parfaite intelligence entre l'art de bien penser & celui de bien parler: & l'on n'avoit pas encore imaginé cette distinction injurieuse aux orateurs, ce divorce funeste à l'éloquence, de l'esprit & de la raison, des expressions & des sentimens de l'orateur & du philosophe.

S'il y avoit quelque différence entr'eux, elle étoit toute à l'avantage de l'éloquence: le philosophe se contentoit de convaincre, l'orateur s'appliquoit à persuader.

L'un supposoit ses auditeurs attentifs, dociles, favorables; l'autre savoit leur inspirer l'attention, la docilité, la bienveillance.

L'autorité des mœurs, la sévérité du discours, l'exacte rigueur du raisonnement, faisoient admirer le philosophe: la douceur d'esprit ou naturelle, ou étudiée, les charmes de la parole, le talent de l'imagination, faisoient aimer l'orateur.

L'esprit étoit pour l'un, & le cœur étoit pour l'autre. Mais le cœur se révoltoit souvent contre les vérités dont l'esprit étoit convaincu; l'esprit, au contraire, ne refusoit jamais de se soumettre aux sentimens du cœur : & le philosophe, roi légitime, se faisoit souvent craindre comme un tyran; au lieu que l'orateur exerçoit une tyrannie si douce & si agréable, qu'on la prenoit pour la domination légitime.

Ce fut dans ce premier âge de l'éloquence, que la Grece vit autrefois le plus grand de ses orateurs jeter les fondemens de l'empire de la parole sur la connoissance de l'homme, & sur les principes de la morale.

En vain la nature jalouse de sa gloire lui refuse ses talens extérieurs, cette éloquence muette, cette autorité visible qui surprend l'ame des auditeurs, & qui attire leurs vœux avant que l'orateur ait mérité leurs suffrages : la sublimité de son discours ne laissera pas à l'auditeur transporté hors de lui-même le temps & la liberté de remarquer ces défauts; ils sont cachés dans l'éclat de ses vertus; on sentira son impétuosité, mais on ne verra point ses démarches; on le suivra comme un aigle dans les airs, sans savoir comment il a quitté la terre.

Censeur févere de la conduite de son peuple, il paroîtra plus populaire que ceux qui le flattent; il osera présenter à ses yeux la triste image de la vertu pénible & laborieuse, & il le portera à préférer l'honnête difficile, & souvent même malheureux, à l'utile agréable, & aux douceurs d'une indigne prospérite.

La puissance du Roi de Macédoine redoutera l'éloquence de l'Orateur Athénien; le destin de la Grèce demeurera suspendu entre Philippe & Démosthene; & comme il ne peut survivre à la liberté de sa patrie, elle ne pourra respirer qu'avec lui.

D'où sont sortis ces effets surprenans d'une éloquence plus qu'humaine? Quelle est la source de tant de prodiges, dont le simple récit fait encore, après tant de siecles, l'objet de notre admiration?

Ce ne sont point des armes préparées dans l'école d'un déclamateur: ces foudres, ces éclairs qui font trembler les Rois ſur leur trône, ſont formées dans une région ſupérieure. C'eſt dans le ſein de la ſageſſe qu'il avoit puiſé cette politique hardie & généreuſe, cette liberté conſtante & intrépide, cet amour invincible de la patrie, c'eſt dans l'étude de la morale qu'il avoit reçu des mains de la raiſon même cet empire abſolu, cette puiſſance ſouveraine ſur l'ame de ſes auditeurs: il a fallu un Platon pour former un Démoſthene, afin que le plus grand des orateurs fît hommage de toute ſa réputation au plus grand des philoſophes.

Que ſi, après avoir porté les yeux ſur les vives lumieres de l'éloquence, nous pouvons encore ſoutenir la vue de nos défauts, nous aurons du moins la ſatisfaction d'en connoître la cauſe, & d'en découvrir le remede.

Ne nous étonnons point de voir en nos jours cette décadence prodigieuſe de la profeſſion de l'éloquence; nous devrions être ſurpris, au contraire, ſi elle étoit floriſſante.

Livrés dès notre enfance aux préjugés de l'éducation & de la coutume, le desir d'une fausse gloire nous empêche de parvenir à la véritable ; &, par une ambition qui se précipite en voulant s'élever, on veut agir, avant que d'avoir appris à se conduire; juger, avant que d'avoir connu ; &, si nous osons même le dire, parler, avant que d'avoir pensé.

On méprise la connoissance de l'homme comme une spéculation stérile, plus propre à dessécher qu'à enrichir l'esprit, comme l'occupation de ceux qui n'en ont point, & dont le travail, quelque éclatant qu'il soit par la beauté de leurs ouvrages, n'est regardé que comme une illustre & laborieuse oisiveté.

Mais l'éloquence se venge elle-même de cette témérité; elle refuse son secours à ceux qui la veulent réduire à un simple exercice de paroles ; & les dégradant de la dignité d'orateurs, elle ne leur laisse que le nom de déclamateurs frivoles, ou d'historiens souvent infideles du différend de leurs parties.

Vous qui aspirez à relever la gloire de votre ordre, & à rappeller en nos jours au moins l'ombre & l'image de cette ancienne éloquence, ne rougissez point d'emprunter des philoſophes ce qui étoit autrefois votre propre bien ; & avant que d'approcher du ſanctuaire de la juſtice, contemplez avec des yeux attentifs ce ſpectacle continuel que l'homme préſente à l'homme même.

Que ſon eſprit attire vos premiers regards, & attache pour un tems toute votre application.

La vérité eſt ſon unique objet ; il la cherche dans ſes plus grands égaremens ; elle eſt la ſource innocente de ſes erreurs, & le menſonge même ne ſauroit lui plaire, que ſous l'image & ſous l'apparence trompeuſe de la vérité.

L'orateur n'a qu'à la montrer ; il eſt ſûr de la victoire ; il a rempli le premier & le plus noble de ſes devoirs, quand il a ſu éclairer, inſtruire, convaincre l'eſprit, & préſenter aux yeux de ſes auditeurs une lumiere ſi vive & ſi éclatante, qu'ils ne puiſſent s'empêcher de reconnoître à ce caractere auguſte la préſence de la vérité.

Qu'il ne ſe laiſſe pas éblouir par les ſuccès paſſagers de cette vaine éloquence qui cherche à ſurprendre les ſuffrages par des graces étudiées, & non pas à les meriter par les beautés ſolides d'un raiſonnement victorieux: l'auditeur flatté, ſans être convaincu, condamne le jugement de l'orateur dans le temps qu'il loue ſon imagination; & lui accordant à regret le triſte éloge d'avoir ſu plaire ſans avoir ſu perſuader, il préfere, ſans héſiter, une éloquence groſſiere & ſauvage, mais convainquante & perſuaſive, à une politeſſe languiſſante énervée & qui ne laiſſe aucun aiguillon dans l'ame des auditeurs

Celui qui aura bien connu la nature de l'eſprit humain, ſaura trouver un juſte milieu entre ces deux extrémités. Inſtruit dans l'art difficile de montrer la vérité aux hommes, il ſentira que, pour leur plaire même, il n'eſt point de moyen plus ſûr que de les convaincre: mais attentif à ménager la ſuperbe délicateſſe de l'auditeur, qui veut être reſpecté dans le tems même qu'on l'inſtruit, la vérité ne dédaignera pas d'emprunter dans ſa bouche les ornemens de la parole.

Il la dévoilera avec tant d'art, que ſes auditeurs croiront qu'il n'a fait que dissiper le nuage qui le cachoit à leurs yeux; & ils joindront à ce plaisir de découvrir la pure lumiere de la vérité, celui de se flatter en secret qu'ils partagent avec l'orateur l'honneur de cette découverte.

Persuadé que, sans l'art du raisonnement, la rhétorique est un fard qui corrompt les beautés naturelles, le parfait orateur en épuisera toutes les sources; il découvrira tous les canaux par lesquels la vérité peut entrer dans l'esprit de ceux qui l'écoutent; & il ne négligera pas même ces sciences abstraites, que le commun des hommes ne méprise que parce qu'il les ignore.

La connoissance de l'homme lui apprendra qu'elles sont comme les routes naturelles, &, si l'on peut s'exprimer ainsi, les avenues de l'esprit humain. Mais attentif à ne pas confondre les moyens avec la fin, il ne s'y arrêtera pas trop long-tems. Il se hâtera de les parcourir avec l'empressement d'un voyageur qui retourne dans sa patrie; on ne s'appercevra point de la sécheresse des pays par lesquels il aura passé; il pensera comme un philosophe, & il parlera comme un orateur.

Par un ſecret enchaînement de propoſitions egalement ſimples & évidentes, il conduira l'eſprit de vérités en vérités, ſans jamais ni laſſer, ni partager ſon attention; & dans le tems même que ſes auditeurs s'attendent encore à une longue ſuite de raiſonnemens, ils ſeront ſurpris de voir que, par un artifice innocent, la ſimple méthode a ſervi de preuve, & l'ordre ſeul a produit la conviction.

Mais ce ſera peu pour lui de convaincre; il voudra perſuader: & il découvrira d'abord, dans l'étude du cœur humain, les caracteres différens de la conviction & de la perſuaſion.

Pour convaincre, il ſuffit de parler à l'eſprit; pour perſuader, il faut aller juſqu'au cœur. La conviction agit ſur l'entendement, & la perſuaſion ſur la volonté: l'une fait connoître le bien; l'autre le fait aimer: la premiere n'emploie que la force du raiſonnement; la derniere y ajoute la douceur du ſentiment: & ſi l'une regne ſur les penſées, l'autre étend ſon empire ſur les actions mêmes.

Tous les cœurs ſont capables de ſentir & d'aimer; tous les eſprits ne le ſont pas de raiſonner & de connoître.

Pour appercevoir diſtinctement la vérité, il faut quelquefois autant de lumiere que pour la découvrir aux autres. La preuve devient inutile, ſi l'eſprit de celui qui l'écoute n'eſt capable de la comprendre; & un grand orateur demande ſouvent un grand auditeur pour ſuivre le progrès de ſon raiſonnement.

Mais pour régner par la force ou par la douceur des paſſions, il ſuffit de parler avec des hommes : leur amour-propre prête à l'orateur des armes pour les combattre; ſa premiere vertu eſt de connoître les défauts des autres; ſa ſageſſe conſiſte à découvrir leurs paſſions, & ſa force à ſavoir profiter de leurs foibleſſes.

C'eſt par-là qu'il acheve de ſurmonter les obſtacles qui s'oppoſent au ſuccès de ſon éloquence: les ames les plus rebelles, ces eſprits opiniâtres ſur leſquels la raiſon n'a point de priſe, & qui réſiſtoient à l'évidence même, ſe laiſſent entraîner par l'attrait de la perſuaſion. La paſſion triomphe de ceux que la raiſon n'avoit pu dompter; leur voix ſe mêle avec celle des génies d'un ordre ſupérieur:

les uns ſuivent volontairement la lumiere que l'orateur leur préſente; les autres ſont enlevés par un charme ſecret dont ils éprouvent la force, ſans en connoître la cauſe : tous les eſprits convaincus, tous les cœurs perſuadés, paient également à l'orateur ce tribut d'amour & d'admiration qui n'eſt dû qu'à celui que la connoiſſance de l'homme a élevé au plus haut degré de l'éloquence.

Maîtres dans l'art de parler au cœur, ne craignez pas de manquer jamais de figures, d'ornemens, & de tout ce qui compoſe cette innocente volupté dont l'orateur doit être l'artiſan.

Ceux qui n'apportent à la profeſſion de l'éloquence qu'une connoiſſance imparfaite, pour ne pas dire une ignorance entiere de la morale, peuvent craindre de tomber dans ce défaut: deſtitués du ſecours des choſes, ils recherchent ambitieuſement celui des expreſſions, comme un voile magnifique, à la faveur duquel ils eſperent cacher la diſette de leur eſprit, & paroître dire beaucoup plus qu'ils ne penſent.

Mais ces mêmes paroles, qui fuient

ceux

ceux qui les cherchent uniquement, s'offrent en foule à un orateur qui s'est nourri pendant long-tems de la substance des choses mêmes. L'abondance des pensées produit celle des expressions; l'agréable se trouve dans l'utile; & les armes qui ne sont données au soldat que pour vaincre, deviennent son plus bel ornement.

Avouons néanmoins qu'il est une science de plaire, différente de celle d'émouvoir les passions. L'orateur ne touche pas toujours; son sujet y résiste souvent; mais l'orateur doit toujours plaire; l'intérêt de sa cause le demande toujours.

Telle est la nature de l'esprit humain, qu'il veut que la raison même s'assujettisse à lui parler le langage de l'imagination. La vérité simple & négligée trouve peu d'adorateurs: le commun des hommes la méconnoît dans sa simplicité, ou la méprise dans sa négligence. Leur entendement se fatigue en vain à tracer les premiers traits du tableau qui se peint dans leur ame: si l'imagination ne lui prête ses couleurs, l'ouvrage de l'entendement n'est souvent pour eux qu'une figure morte &

inanimée : l'imagination lui donne la vie & le mouvement. La conception pure, quelque lumineuse qu'elle soit, fatigue l'attention de l'esprit : l'imagination le délasse, & revêt tous les objets de qualités sensibles, dans lesquelles il se repose agréablement.

Il s'éleve presque toujours contre ceux qui osent prendre une route nouvelle, & qui veulent aller à l'entendement, sans passer par l'imagination ; accoutumé à ne recevoir les impressions de la vérité que quand elles sont accompagnées de ce plaisir secret qu'il prend pour un de ses caracteres, il préfere souvent un mensonge agréable à une austere vérité ; & son imagination indignée du mépris de l'orateur qui s'est contenté de parler à l'intelligence, s'en venge souvent sur l'orateur même, & détruit en secret cette conviction qu'il se flattoit d'avoir su produire.

Que cette disposition est favorable aux orateurs ! & qu'il est vrai de dire que c'est l'imagination qui a élevé l'empire de l'éloquence, & qui lui a soumis tous les hommes !

C'est par son moyen que l'orateur fait approcher si près de notre ame les images de tous les objets : elle substitue, pour ainsi dire, les choses aux paroles : ce n'est plus l'orateur, c'est la nature qui parle : l'imitation devient si parfaite qu'elle se cache elle-même ; & par un espece d'enchantement, ce n'est plus une description ingénieuse, c'est un objet véritable que l'auditeur croit voir, croit sentir, & se peindre lui-même.

Ces miracles de l'art sont des effets de ce pouvoir naturel que la connoissance de l'imagination donne à l'orateur sur l'imagination même. Il n'appartient qu'à lui de faire ce choix si difficile entre les beautes différentes ; de savoir quitter le bien pour prendre le mieux ; d'enlever, pour ainsi dire, & de cueillir la premiere fleur des objets qu'il présente à l'esprit ; & d'attraper dans la peinture qui se fait par la parole, ce jour, cette lumiere, ce moment heureux que le grand peintre saisit, & que le peintre médiocre cherche inutilement après qu'il a passé.

Il possede le talent encore plus rare de connoître jusqu'où il faut aller pour savoir garder la modération dans le bien même ; de ne passer jamais les bornes presque imperceptibles qui séparent ce qui convient de ce qui ne convient pas ; & d'observer en tout l'exacte rigueur de la bienséance.

C'est cette derniere science qui sait embellir tout ce que l'orateur touche, qui donne des graces à sa négligence même, & qui sait aimer jusqu'à ses défauts ; c'est une secrete sympathie qui, attachant l'ame à tous les objets extérieurs, lui fait sentir tous les rapports qui les unissent & toutes les différences qui les séparent ; ou, si l'on veut, c'est une justesse d'oreille que la moindre dissonance blesse, & qui sent toute la beauté de l'harmonie ; ou plutôt, c'est ce que l'on comprend, & que l'on ne sauroit presque définir ; ce que l'on cherche toujours, que l'on trouve rarement, & que l'on perd souvent, même en voulant le chercher ; &, pour tout dire en un mot, c'est le chef-d'œuvre de l'art des rhéteurs ; & c'est néanmoins ce que l'art des rhéteurs ne sauroit apprendre.

La nature donne à l'orateur ce génie heureux, cet instinct secret, ce goût sûr & délicat qui sent, comme par inspiration, ce qui sied, & ce qui ne sied pas.

La morale y ajoute la connoissance des sujets sur lesquels il doit exercer ses talens naturels ; & après lui avoir découvert les préceptes généraux de la rhétorique dans l'étude de l'homme en général, elle lui présente l'homme en particulier, comme un second tableau dans lequel il doit chercher les regles particulieres de la bienséance.

Attentif à se connoître lui-même, s'il veut prévenir la censure du public, qu'il soit le premier censeur de ses défauts. Le caractere le plus ordinaire de ceux qui déplaisent aux autres, est de se plaire trop à eux-mêmes. Heureux celui qui a commencé par se déplaire pendant long-tems, qui a pu être frappé plus vivement de ses défauts que ses propres ennemis, & qui a éprouvé, dans les premieres années de sa vie, l'utile déplaisir de ne pouvoir jamais se contenter lui-même ! Il semble que la nature ne lui donne cette inquiétude, que pour lui faire mieux goûter le plaisir du succès ; & que ce soit à ce prix qu'elle lui fasse acheter sa gloire qu'elle lui prépare.

Il joint à ce dégoût de lui-même, une heureuse défiance de ses forces, ſa modeſtie fait ſans peine ce diſcernement, ſi pénible à l'amour-propre, des ſujets qui lui ſont proportionnés; ou plutôt, par un amour-propre plus éclairé, pour réuſſir dans tout ce qu'il entreprend, il n'entreprend rien qui ſoit au-deſſus de lui: & il n'oublie jamais que, quelque grand que l'on ſoit, on paroît toujours médiocre, quand on eſt inférieur à ſon ſujet; & qu'au contraire on paroît toujours aſſez grand, quand on a pu remplir toute l'étendue de ſa cauſe.

Si le caractere de ſon eſprit lui refuſe la nobleſſe des expreſſions, la véhémence des figures, la rapidité de la déclamation, il ne préférera point, vainement ambitieux, un ſublime mal ſoutenu, à une ſage & précieuſe médiocrité: la juſteſſe d'eſprit, la pureté du diſcours, la dignité de la prononciation feront ſon partage; l'égalité de ſon ſtyle ſuppléera ce qui manque à ſon élévation; il s'inſinuera par la douceur de l'ame de ceux qui ſe révoltoient contre la fierté dominante des orateurs véhémens; il ſaura mettre à profit juſqu'à ſes imperfections; elles ne ſerviront qu'à rendre l'auditeur moins défiant & plus facile à être touché ; sa foiblesse deviendra sa force, & fera partie de son éloquence.

Il n'affectera point la gloire d'une vaste érudition, si la multitude de ses occupations ne lui a pas permis de l'acquérir : ou, s'il est assez heureux pour l'avoir acquise, elle perdra dans sa bouche cet air sauvage & impérieux que les savans lui prêtent, pour reprendre ce caractere de douceur & de modestie que la nature lui avoit donné ; & par une adroite dissimulation de ses forces, il jouira du précieux avantage d'avoir su mériter l'estime, sans exciter la jalousie ; & de s'être fait aimer des hommes, dans le tems même qu'il les forçoit à l'admirer.

Cette noble modestie releve l'éclat de toutes ses vertus : c'est elle qui embellit, pour ainsi dire, la beauté même ; qui répand une bienséance générale sur toutes les paroles de l'orateur ; & qui intéresse si fortement ceux qui l'écoutent au succès de son action, qu'au lieu d'en être les juges, ils en deviennent les protecteurs. Ornement naturel de ceux qui commencent, plus estimable encore dans ceux qui sont plus avancés, elle est la vertu de tous les tems & de tous les âges, qui doit accompagner l'orateur dans tout le cours de sa réputation, quoique la même éloquence ne lui convienne pas toujours, & que le progrès de son style doive imiter celui de ses années.

La jeunesse peut se permettre pour un tems l'abondance des figures, la richesse des ornemens, & tout ce qui compose la pompe & le luxe de l'éloquence: cette heureuse témérité, ces efforts hardis d'une éloquence naissante sont les défauts de ceux qui sont destinés aux grandes vertus. Un style sec & aride est odieux dans la jeunesse, par la seule affectation d'une sévérité prématurée. Malheur à ces génies ingrats & stériles qui prennent la sécheresse pour la justesse d'esprit, la disette pour la modération, la foiblesse pour le bon usage de ses forces, & qui croient que la vertu consiste à n'avoir point de vices!

Il viendra un âge plus avancé qui retranchera cette riche superfluité: le style de l'orateur vieillira avec lui; ou pour mieux dire, il acquerra toute la maturité de la vieilleſſe, ſans perdre la vigueur de la jeuneſſe. Il ne manquera pas même alors de graces & d'ornemens; mais ces graces ſeront auſteres, ces ornemens ſeront graves & majeſtueux.

Mais il ne ſe connoîtroit qu'imparfaitement, s'il ſe contentoit de cette connoiſſance dans une profeſſion qui ſe conſacre toute au ſervice des autres.

Etudier les inclinations de ſes parties, pour les ſuivre ſi elles ſont juſtes, & pour les réprimer ſi elles ſont déréglées, connoître leur vertu pour prévenir les juges en leur faveur, & leurs défauts pour détruire ou pour affoiblir le préjugé qui leur eſt contraire; examiner avec attention leur naiſſance & leur état, leur réputation & leur dignité, pour ménager avec art ces avantages équivoques qui peuvent exciter ou la faveur ou l'envie, ſouvent plus à craindre pour ceux qui les ont, qu'à deſirer pour ceux qui ne les ont pas; c'eſt le devoir commun de tous ceux qui portent le nom d'avocat: mais ce n'eſt encore qu'une légere idée des obligations de l'orateur.

S'il veut être toujours sûr de plaire & de réussir, il faut que, sans prendre ni les passions ni les erreurs de ses parties, il se transforme, pour ainsi dire, en elles-mêmes; & que, les exprimant avec art dans sa personne, il paroisse aux yeux du public, non tel qu'elles sont, mais tel qu'elles devroient être.

Qu'il imite l'adresse de ces peintres qui savent prêter des graces à ce que la nature a de plus affreux, & qui, diminuant les défauts, sans toucher à la ressemblance, donnent aux personnes la joie de se reconnoître & de se plaire dans leurs portraits.

C'est par le moyen de cette fiction ingénieuse, & sous cette personne empruntée, que l'orateur, animé, pénétré, agité des mêmes mouvemens que sa partie, ne dira jamais rien qui ne lui convienne parfaitement: il réunira la douceur & la sagesse de la raison avec la force & l'impétuosité de la passion, ou plutôt, la passion de la partie deviendra raisonnable dans la bouche de son défenseur; & se renfermant dans l'usage auquel la nature l'avoit destinée, elle saura toucher les cœurs, sans offenser l'esprit.

Ce ne sera plus un seul homme dont le style, toujours le même, ne fait que changer de sujet, sans changer de ton.

Il se multipliera, pour ainsi dire; empruntera autant de formes différentes, qu'il aura de causes & de parties d'un caractere différent.

Tantôt sublime & pompeux, son style imitera la rapidité d'un torrent impétueux, ou la majesté d'un fleuve tranquille, tantôt simple & modeste, il saura descendre sans s'abaisser; &, par des graces naïves & des ornemens naturels, délasser l'attention de ceux qui l'avoient à peine suivi dans son élévation.

Il refusera d'orner ce qui ne demande que d'être expliqué; en portant la lumiere dans les longues obscurités d'une procédure ennuyeuse, il se contentera d'arracher les épines qui lui sont naturelles, sans vouloir y mêler mal-à-propos des fleurs étrangeres.

Souvent la véhémence & la triste sévérité de son discours protégera la vertu opprimée, & fera trembler le vice triomphant: quelquefois plus facile & plus doux en apparence, mais plus redoutable en effet, il ne s'attachera pas tant à rendre le vice odieux, qu'à le rendre méprisable : mais la nécessité autorisera son ironie, ou du moins, l'utilité la fera excuser ; la vérité lui servira toujours de fondement, & la sagesse en saura modérer & adoucir l'usage.

Ainsi prenant toujours toutes sortes de caracteres, né pour tous, & réussissant dans chacun comme s'il n'étoit né que pour celui-là seul, il ne lui restera plus qu'à souhaiter que ce personnage étranger que la nécessité de son ministere lui impose, n'exige jamais rien de l'avocat, qui soit contraire au devoir de l'homme de bien.

Mais s'il éprouve quelquefois ce combat intérieur entre lui-même & sa partie, sa vertu seule le décidera, ou plutôt, elle saura le prévenir. Elle rougiroit d'avoir pu hésiter un moment entre l'honnête & l'utile. Jaloux de sa réputation, il l'estimera trop pour la sacrifier à sa partie ; & sagement infidele, il acquerra plus de vraie & de solide gloire par un silence judicieux, qu'il n'auroit fait par tous les efforts de son éloquence. Plus heureux en cet état que les anciens orateurs, il n'aura pas besoin de connoître le caractere particulier de ses juges, pour être assuré de leur plaire.

Dans ce tems d'une liberté ennemie de la justice où la qualité de juge étoit un présent de la naissance, plutôt qu'un prix du mérite ; dans ces assemblées tumultueuses, où la raison, vaincue, par le nombre, devoit s'estimer heureuse, si elle n'étoit que méprisée sans être punie, l'orateur qui comptoit souvent ses propres ennemis dans le nombre de ses juges, ne pouvoit presque espérer un succès favorable, s'il ne s'appliquoit à découvrir les erreurs du peuple, pour le tromper ; ses passions, pour le séduire ; ses caprices, pour le flatter ; son foible, pour l'entraîner.

Et lorsque la fortune, lassée de présider aux jugemens populaires, voulut remettre l'empire du monde entre les mains d'un seul, pour régner par un homme sur tous les autres hommes, l'orateur trouva souvent tous les défauts du peuple réunis dans son juge avec une autorité encore plus absolue.

Ce fut, à la vérité, un jour de triomphe, non-feulement pour l'orateur, mais encore pour l'éloquence même, que celui où la fortune prit plaifir à commettre deux héros d'un caractere différent; ces grands hommes qui ont eu tous deux pour but de régner & de vaincre, l'un par la force des armes, l'autre par les charmes de la parole.

Le confervateur de la république, celui que Rome libre appella le pere de la patrie, parle devant l'ufurpateur de l'empire & le deftructeur de la liberté. Il défend un de ces fiers républicains qui avoient porté les armes contre Céfar, & il a Céfar même pour juge.

C'eft peu de parler pour un ennemi vaincu en préfence du victorieux; il parle pour un ennemi condamné, & il entreprend de le juftifier devant celui qui a prononcé fa condamnation avant que de l'entendre, & qui, bien loin de lui donner l'attention d'un juge, ne l'écoute plus qu'avec la maligne curiofité d'un auditeur prévenu.

Mais il connoît la paffion dominante de fon juge; & c'en eft affez pour le vaincre. Il flatte fa vanité, pour désarmer sa vengeance; & malgré son indifférence obstinée, il sait l'intéresser si vivement à la conservation de celui qu'il vouloit perdre, que son émotion ne peut plus se contenir au-dedans de lui-même. Le trouble extérieur de son visage rend hommage à la supériorité de l'éloquence; il absout celui qu'il avoit déjà condamné; & Cicéron mérite l'éloge qu'il donne à César, d'avoir su vaincre le vainqueur, & triompher de la victoire.

Quels éloges auroit-il donnés à la modération d'un Prince aussi grand que César, mais plus maître de lui-même; qui se rend, non à l'éloquence, mais à la justice; & qui ne partage avec personne la gloire de savoir se vaincre lui-même, sans trouble, sans efforts, par la seule supériorité d'une vertu qui a tellement domté les passions, qu'elle regne sans violence, & qu'elle triomphe sans combat!

Heureux les orateurs qui parlent devant des juges animés de cet esprit, & soutenus par ce grand exemple!

Vous savez qu'ils sont juges, & c'est en savoir assez pour les connoître parfaitement. Ils n'ont point d'autre caractere que celui qu'ils portent dans le tribunal de la justice souveraine: aucun mélange de passions, d'intérêt, d'amour-propre, n'a jamais troublé la pureté des fonctions de leur ministere: on les a définis, quand on a défini la justice; & la personne privée ne se laisse jamais entrevoir sous le voile de la personne publique.

Ne travaillez donc point à concilier leur attention par les vaines figures d'une déclamation étudiée: un motif plus noble & plus élevé, une vue plus sainte & plus efficace les rend attentifs. Ne recherchez point leur faveur par des artifices superflus; la raison seule peut la mériter: la bienséance à leur égard est la même chose que le devoir; & rien n'est plus éloquent auprès d'eux que la vertu.

Assurés de leur approbation, ne doutez point de celle du public.

Ce peuple, cette multitude qui, dans le tems qu'elle exerçoit elle-même les jugemens, se faisoit craindre aux parties par son caprice, n'est plus terrible qu'aux orateurs, par la juste sévérité d'une censure rigoureuse. Ceux qui abusoient de leur ministere dans le tems qu'ils étoient juges, ne se trompent presque plus, depuis qu'ils sont devenus simples spectateurs; & le caractere de l'infaillibilité est presque toujours attaché au sentiment de la multitude.

C'est elle qui fait le partage de la réputation entre les grands hommes; & qui, par un juste discernement du mérite, donne des éloges différens aux différentes qualités de ceux de vos confreres dont vous regrettez la perte.

Elle loue dans l'un (1) l'étendue de la science & la profondeur de l'érudition; dans l'autre (2), une parfaite intelligence des affaires, & une expérience consommée. Elle plaint une justesse d'esprit, une force de raisonnement peu commune, dans celui (3) qu'une mort précipitée a enlevé au milieu de sa course: & elle admire dans le dernier (4), ce mérite qui n'a paru que parfait, cette élévation dont on n'a remarqué ni le commencement

(1) M. Chuppé.
(2) M. Billard.
(3) M. de Tessé.
(4) M. Husson.

ni le progrès ; cette réputation ſubite qui eſt ſortie toute éclatante de l'obſcurité de ſa retraite laborieuſe.

C'eſt donc ce jugement, cette approbation du public, qui donne le privilege de l'immortalité à vos ouvrages. Vous jouiſſez auprès de lui du même avantage qu'auprès de vos juges. Incapable d'être corrompu, il n'applaudit conſtamment qu'au véritable mérite; mais il lui applaudit toujours. Un grand orateur n'accuſe jamais ſon ſiecle d'injuſtice : il ſait toujours le rendre juſte. La connoiſſance de l'homme lui fait mépriſer ces goûts paſſagers qui n'entraînent que les orateurs & les auditeurs médiocres. Elle lui inſpire ce goût général & univerſel ; ce goût de tous les tems & de tous les pays ; ce goût de la nature, qui, malgré les efforts d'une fauſſe éloquence, eſt toujours sûr d'enlever l'eſtime des hommes & de forcer leur admiration.

La chaſte ſévérité de ſon éloquence ſe contente de ne pas déplaire à l'auditeur, en attaquant avec violence une erreur qui le flatte, mais elle ne cherche jamais à lui plaire par des vices agréables : elle trouve une route plus sûre pour arriver à son cœur ; & redressant son goût sans le combattre, elle lui met devant les yeux de véritables beautés, pour lui apprendre à rejetter les fausses.

C'est ainsi que la connoissance de l'homme rend l'orateur supérieur aux jugemens des hommes : c'est par-là qu'il devient l'arbitre du bon goût, le modele de l'éloquenee, l'honneur de son siecle, & l'admiration de la postérité : enfin, c'est par-là que son cœur, aussi élevé que son esprit, réunit la science de bien vivre à celle de bien parler, & qu'il rétablit entr'elles cette ancienne intelligence, sans laquelle le philosophe est inutile aux autres hommes, & l'orateur à soi-même.

SECOND DISCOURS.

LA DÉCADENCE DU BARREAU.

Ouverture des Audiences, 1698.

LA destinée de tout ce qui excelle parmi les hommes, est de croître lentement, de se soutenir avec peine pendant quelques momens ; & de tomber bientôt avec rapidité.

Nous naissons foibles & mortels, & nous imprimons sur-tout ce qui nous environne le caractere de notre foiblesse, & l'image de notre mort : les sciences les plus sublimes, ces vives lumieres qui éclairent nos esprits, éternelles dans leur source, puisqu'elles sont une émanation de la divinité même, semblent devenir mortelles & périssables par la contagion de notre fragilité : immuables en elles-mêmes, elles changent par rapport à nous; comme nous on les voit naître, & comme nous on les voit mourir.

L'ignorance ſuccede à l'érudition, la groſſiéreté au bon goût, la barbarie à la politeſſe. Les ſciences & les beaux arts rentrent dans le néant dont on avoit travaillé pendant une longue ſuite d'années à les faire ſortir, juſqu'à ce qu'une heureuſe induſtrie, par une eſpece de ſeconde création, leur donne un nouvel être & une ſeconde vie.

Ce torrent d'éloquence, ces ſources de doctrine qui ont inondé autrefois la Grece & l'Italie, qu'étoient-elles devenues pendant pluſieurs ſiecles ? Nos aïeux les ont vu renaître ; l'âge de nos peres a admiré leur éclat ; le nôtre commence à les voir diminuer ; & qui ſait ſi nos enfans en verront les foibles reſtes ?

Nous avons vu mourir de grands hommes, & nous n'en voyons point renaître de leurs cendres. Une langueur mortelle a pris la place de cette vive émulation qui nous a fait voir tant de prodiges dans les ſciences, & tant de chefs-d'œuvre dans les arts, & une molle oiſiveté détruit inſenſiblement l'ouvrage qu'un travail opiniâtre avoit à peine élevé. Que nous ſerions heureux, ſi nous n'avions à déplorer que les pertes des autres professions! & si, dans le déclin de la littérature, l'éloquence & l'érudition s'étoient réfugiées dans votre ordre comme dans leur temple naturel, pour y recevoir à jamais le juste tribut des louanges & de l'admiration des hommes!

Mais après avoir flatté l'ardeur que nous avons pour notre gloire par des souhaits ambitieux, ces souhaits mêmes se tournent contre nous. En nous montrant ce que nous devrions être, ils nous forcent de reconnoître combien nous en sommes éloignés; & ils nous obligent de faire une triste comparaison entre ce que nous avons été & ce que nous sommes.

Vous le savez, vous qui, dans un âge avancé, vous souvenez encore avec joie, ou peut-être avec douleur, d'avoir vu l'ancienne dignité de votre ordre. Rappellez la mémoire de ces jours heureux qui éclairoient encore le barreau lorsque vous y avez été reçus: quelle multitude d'orateurs! quel nombre de jurisconsultes! combien d'éloquence dans les discours, d'érudition dans les écrits, de prudence dans les conseils!

On n'entendoit dans cet auguste tribunal que des voix dignes de la majesté du sénat, qui, après avoir essayé dans les tribunaux inferieurs les forces timides de leur éloquence naissante, regardoient l'honneur de parler devant le premier trône de la justice, comme le prix le plus glorieux de leurs travaux.

Après les avoir admirés dans le tumulte & dans les agitations du barreau, on les respectoit encore plus, lorsque, dans un repos actif & dans un loisir laborieux, ils jouissoient du noble plaisir d'être la lumiere des aveugles, la consolation des malheureux, l'oracle de tous les citoyens. On approchoit avec une espece de religion de ces hommes vénérables. Toutes les vertus présidoient à leurs sages délibérations. La justice y tenoit la balance, comme dans les plus saints tribunaux; la patience y écoutoit avec une scrupuleuse application toutes les raisons des parties qui les consultoient: la science y plaidoit toujours la cause de l'absent, & ne rougissoit point d'appeller quelquefois à son secours une lenteur salutaire: la prudence y donnoit en tremblant un conseil assuré; &

la modeste timidité avec laquelle ces sages vieillards proposoient leurs sentimens, étoit presque toujours un caractere infaillible de la sûreté de leur décision.

Tels ont été vos peres, tel est l'état dont nous sommes déchus. A ce haut degré d'innocence, nous avons vu succéder une médiocrité louable en elle-même; mais triste & ingrate, si on la compare avec l'élévation qui l'a précédée. Ne craindrons-nous point de le dire, & ne nous reprochera-t-on pas ou la bassesse ou la force de nos expressions? Ce pilier fameux, où se prononçoient autrefois tant d'oracles, est presque muet aujourd'hui: il gémit, comme ce barreau, de se voir menacé d'une triste solitude: un petit nombre de têtes illustres font, dans l'opinion publique, les dernieres espérances & l'unique ressource de la doctrine, comme de l'éloquence; & si quelque malheur nous affligeoit de leur perte, peut-être serions-nous réduits à regretter inutilement cette même médiocrité que nous déplorons aujourd'hui.

Qui pourra découvrir, & qui entreprendra d'expliquer dignement les véritables

véritables ſources d'une ſi ſenſible décadence.

Nous plaindrons-nous d'être nés dans ces années ſtériles où la nature, affoiblie par de grands & continuels efforts, touche au terme fatal d'une languiſſante vieilleſſe? Mais jamais l'eſprit n'a été plus commun & plus univerſel.

Nous aſpirons à la même gloire qui a couronné les travaux de nos peres; & nous y aſpirons avec plus de ſecours. Nous avons joint nos propres tréſors aux richeſſes étrangeres: ſans perdre les anciens modeles, nous en avons acquis de nouveaux; les ouvrages que l'imitation des anciens a produits, ont mérité, à leur tour, d'être l'objet de l'imitation de tous les ſiecles ſuivans.

Il ſemble même que, pour nous rendre inexcuſables, le caprice du ſort ait pris plaiſir à nous offrir les matieres les plus illuſtres, & des ſujets véritablement dignes de la plus ſublime éloquence. Combien de cauſes célebres renfermées dans le cercle étroit d'un petit nombre d'années! La poéſie a-t-elle jamais rien haſardé de plus étonnant sur la scene, que ces révolutions imprévues, ces événemens incroyables qui ont attiré depuis deux ans l'attention & la curiosité du public ?

La fable la plus audacieuse n'auroit jamais eu la hardiesse d'inventer ce que la vérité nous a fait voir, & le vrai a été beaucoup au-delà du vraisemblable.

Que nous reste-t-il donc, si ce n'est de nous accuser nous-mêmes, & de mériter au moins la gloire de la sincérité, si nous ne pouvons plus parvenir à celle de l'éloquence, en nous redisant tous les jours : N'admirons plus avec étonnement la chûte de notre ordre ; soyons plutôt surpris de voir qu'il conserve encore quelques restes de son ancienne grandeur. Comment se consacre-t-on à une si glorieuse, mais si pénible profession ? & quelle est la conduite de ceux qui s'y sont consacrés ?

A voir cette multitude prodigieuse de nouveaux sujets qui se hâtent tous les ans d'entrer dans votre ordre, on diroit qu'il n'y a point de profession dans laquelle il soit plus facile d'exceller. La nature accorde à tous les hommes l'usage de la parole; tous les hommes se persuadent aisément qu'elle leur a donné en même-tems le talent de bien parler. Le barreau est devenu la profession de ceux qui n'en ont point: & l'éloquence, qui auroit dû choisir avec une autorité absolue des sujets dignes d'elle dans les autres conditions, est obligée au contraire de se charger de ceux qu'elles ont dédaigné de recevoir.

Combien en voit-on qui luttent pendant toute la vie contre un naturel ingrat & stérile, qui n'ont point de plus grand ennemi à combattre qu'eux-mêmes, ni de préjugé plus difficile à effacer dans l'esprit des autres, que celui de leur extérieur? Encore s'ils travailloient sérieusement à le détruire; ils n'en seroient que plus louables, lorsque, par un pénible travail, ils auroient pu triompher de la nature, & la convaincre d'injustice. Mais la paresse se joint souvent en eux au défaut des talens naturels; & flattant leurs imperfections, bien loin de les corriger, on les voit souvent, & même dans la premiere jeunesse, lecteurs insipides, & récitateurs ennuyeux de leurs ouvrages, ôter à l'orateur la vie & le mouvement, en lui ôtant la mémoire & la prononciation. Et quelle peut être la prononciation d'une éloquence froide, languissante, inanimée, qui, dans cet état de mort où on la réduit, ne conserve plus que l'ombre, ou, si on l'ose dire, le squelette de la véritable éloquence ?

Que ce succès est digne des motifs qui font entrer dans le barreau ce grand nombre d'orateurs qu'il semble que la nature avoit condamnés à un perpétuel silence !

Ce n'est point le desir de s'immoler tout entier au service du public dans une profession glorieuse, d'être l'organe & la voix de ceux que leur ignorance ou leur foiblesse empêche de se faire entendre ; d'imiter la fonction de ces anges que l'écriture nous représente auprès du trône de Dieu, offrant l'encens & les sacrifices des hommes ; & de porter, comme eux, les vœux & les prieres des peuples aux pieds de ceux que la même Ecriture appelle les Dieux de la terre.

Des motifs si purs & si élevés ne

nous touchent plus guere; on ne sacrifie aujourd'hui qu'à l'intérêt. C'est lui qui ouvre presque toujours l'entrée de votre ordre, comme celle de tous les autres états; la plus libre & la plus noble de toutes les professions devient la plus servile & la plus mercénaire. Et que peut-on attendre de ces ames vénales, qui prodiguent, qui prostituent leur main & leur voix à ceux que l'ordre des professions rend leurs inférieurs; ou qui, par un vil intérêt, adoptant des ouvrages qui les déshonorent, vendent publiquement leur réputation, & trafiquent honteusement de leur gloire?

L'éloquence n'est pas seulement une production de l'esprit, c'est un ouvrage du cœur. C'est là que se forme cet amour intrépide de la vérité, ce zele ardent pour la justice, cette vertueuse indépendance dont vous êtes si jaloux, ces grands, ces généreux sentimens qui élevent l'ame, qui la remplissent d'une noble fierté & d'une constance magnanime, & qui portant encore plus loin votre gloire que l'éloquence même, font admirer l'homme de bien en vous beaucoup plus que l'orateur.

Ne croyez pourtant pas qu'il vous ſuffiſe d'avoir joint la nobleſſe & la pureté des motifs à la grandeur des talens naturels ; & ſachez que la plaie la plus profonde, & peut-être la plus incurable, eſt l'aveugle témérité avec laquelle on oſe s'y engager, avant que de s'en être rendu digne par une longue & laborieuſe préparation.

Quels tréſors de ſcience, quelle variété d'érudition, quelle ſagacité de diſcernement, quelle délicateſſe de goût ne faudroit-il pas réunir pour exceller dans le barreau ! Quiconque oſera mettre des bornes à la ſcience d'un Avocat, n'a jamais conçu une parfaite idée de la vaſte étendue de votre profeſſion.

Que les autres étudient l'homme par parties ; l'orateur n'eſt point parfait, ſi, par l'étude continuelle de la plus pure morale, il ne connoît, il ne pénetre, il ne poſſede l'homme tout entier.

Que la Juriſprudence Romaine ſoit pour lui une ſeconde philoſophie ; qu'il ſe jette avec ardeur dans la mer immenſe des canons ; qu'il ait toujours devant les yeux l'autorité des ordonnances de nos Rois, & la sagesse des oracles du Sénat; qu'il dévore les coutumes, qu'il en pénetre l'esprit, qu'il en concilie les principes; & que chaque citoyen de ce grand nombre de petits états que forme dans un seul la diversité des loix & des mœurs, puisse croire, en le consultant, qu'il est né dans sa patrie, & qu'il n'a étudié que les usages de son pays.

Que l'histoire lui donne une expérience, &, si l'on peut s'exprimer ainsi, une vieillesse anticipée, & qu'après avoir élevé ce solide édifice de tant de matériaux différents, il y ajoute tous les ornemens du langage, & toute la magnificence de l'art qui est propre à sa profession. Que les anciens orateurs lui donnent leur insinuation, leur abondance, leur sublimité; que les historiens lui communiquent leur simplicité, leur ordre, leur variété; que les poëtes lui inspirent la noblesse de l'invention, la vivacité des images, la hardiesse de l'expression, & sur-tout ce nombre caché, cette secrete harmonie du discours, qui, sans avoir la contrainte & l'uniformité de la poésie, en conserve souvent toute la douceur

& toute les graces. Qu'il joigne la politesse françoise au sel attique des Grecs & à l'urbanité des Romains. Que, comme s'il s'étoit transformé, pour parler ainsi, dans la personne des anciens orateurs, on reconnoisse en lui plutôt leur génie & leur caractere, que leurs pensées & leurs expressions; & que l'imitation devenant une seconde nature, il parle comme Cicéron, lorsque Cicéron imite Démosthene, ou comme Virgile, lorsque, par un noble, mais difficile larcin, il ne rougit point de s'enrichir des dépouilles d'Homere.

Notre imagination prend ici plaisir à former un choix accompli, & à se perdre dans un songe délicieux, qui lui montre de loin une image de la perfection à laquelle nous aspirons. Ouvrons enfin les yeux, & laissons disparoître ce phantôme agréable que nos desirs avoient élevé. Que trouverons-nous à sa place? & quel triste spectacle nous offrira la vérité!

Les sciences négligées, les muses désertes, la paresse victorieuse de l'application, le travail regardé comme le partage de ceux qui n'ont point d'esprit, & dédaigné par tous ceux qui croient en avoir. L'ignorance insulte à la doctrine; la science, timide & tremblante, est obligée d'emprunter de l'art le secret de se cacher. Ceux qui ont commencé à élever la gloire du barreau, vouloient paroître tout savoir: nous faisons gloire de tout ignorer. Ils portoient souvent jusqu'à l'excès l'amour d'une vaste érudition; rougissant de penser & de parler d'eux-mêmes, ils croyoient que les anciens avoient pensé & parlé pour eux; ils travailloient plus à les traduire qu'à les imiter; & ne permettant rien à la force de leur génie, ils mettoient toute leur confiance dans la profondeur de leur doctrine. Graces au retour du bon goût, dont nous avons vu luire quelques rayons, on a senti le vice & l'esclavage de cette savante affectation. Mais la crainte de cet excès nous a fait tomber dans une extrémité opposée: nous méprisons l'utile, le nécessaire secours de l'étude & de la science; nous voulons devoir tout à notre esprit, & rien à notre travail. Et qu'est-ce que cet esprit dont nous nous flattons vainement, & qui sert de voile favorable à notre pareſſe?

C'eſt un feu qui brille ſans conſumer; c'eſt une lumiere qui éclate pendant quelques momens, & qui s'éteint d'elle-même par le défaut de nourriture; c'eſt une ſuperficie agréable, mais ſans profondeur & ſans ſolidité; c'eſt une imagination vive, ennemie de la ſûreté du jugement; une conception prompte qui rougit d'attendre le conſeil ſalutaire de la réflexion; une facilité de parler qui ſaiſit avidement les premieres penſées, & qui ne permet jamais aux ſecondes de leur donner leur perfection & leur maturité.

Semblable à ces arbres dont la ſtérile beauté a chaſſé des jardins l'utile ornement des arbres fruitiers, cette agréable délicateſſe, cette heureuſe légéreté d'un génie vif & naturel, qui eſt devenu l'unique ornement de notre âge, en a banni la force & la ſolidité d'un génie profond & laborieux: & le bon eſprit n'a point eu de plus dangéreux ni de plus mortel ennemi, que ce que l'on honore dans le monde du nom de bel eſprit.

C'eſt à cette flatteuſe idole que nous

sacrifions tous les jours par la profession publique d'une orgueilleuse ignorance. Nous croirions faire injure à la fécondité de notre génie, si nous nous rabaissions jusqu'à vouloir moissonner pour lui une terre étrangere. Nous négligeons même de cultiver notre propre bien ; & la terre la plus fertile ne produit plus que des épines, par la négligence du laboureur qui se repose sur sa fécondité naturelle.

Que cette conduite est éloignée de celle de ces grands hommes, dont le nom fameux semble être devenu le nom de l'éloquence même !

Ils savoient que le meilleur esprit a besoin d'être formé par un travail persévérant & par une culture assidue ; que les grands talens deviennent aisément de grands défauts, lorsqu'ils sont livrés & abandonnés à eux-mêmes ; & que tout ce que le ciel a fait naître de plus excellent, dégénere bientôt, si l'éducation, comme une seconde mere, ne conserve l'ouvrage que la nature lui confie aussi-tôt qu'elle l'a produit.

Ne compter pour rien les travaux de l'enfance, & commencer les sérieuses, es véritables études dans le tems où nous les finissons ; regarder la jeunesse, non comme un âge destiné par la nature au plaisir & au relâchement, mais comme un tems que la vertu consacre au travail & à l'application ; négliger le soin de ses biens, de sa fortune, de sa santé même ; & faire de tout ce que les hommes chérissent le plus, un digne sacrifice à l'amour de la science & à l'ardeur de s'instruire ; devenir invisible pour un tems, se réduire à soi-même dans une captivité volontaire, & s'ensevelir tout vivant dans une profonde retraite, pour y préparer de loin des armes toujours victorieuses : voilà ce qu'ont fait les Démosthene & les Cicéron. Ne soyons plus surpris de ce qu'ils ont été ; mais cessons en même tems d'être surpris de ce que nous sommes, en jettant les yeux sur le peu que nous faisons pour arriver à la même gloire à laquelle ils sont parvenus.

Et que seroit-ce encore, si après avoir plaint la témérité de ceux qui entrent dans notre ordre sans autres dispositions que le simple désir d'être avocats, sans autre motif qu'un vil & sordide intérêt, sans autre préparation qu'un excès de confiance dans leur esprit, nous envisagions la négligence d'une partie de ceux qui y sont entrés, & si, portant de tous côtés les regards penétrans d'une salutaire censure, nous découvrions par-tout de nouvelles plaies de notre ordre, & de nouvelles sources de notre décadence !

Que ne pourrions-nous point dire d'abord de ceux qui ne perdent la gloire à laquelle ils aspirent, que par l'aveugle impatience qu'ils ont de l'acquérir ; & qui prévenant, par une ardeur indiscrete, & la maturité de l'âge & celle de la doctrine, se hâtent d'exposer avant le tems les fruits précoces de leurs études mal digérées ! Ces premieres semences de mérite & de réputation qu'ils avoient à peine commencé de cultiver, sont, ou étouffées par les épines des affaires, ou dissipées par les grands efforts d'un esprit qui s'épuise par son ardeur, & qui se consume par sa propre activité. La confiance prévient en eux le mérite, au lieu d'en être l'effet. Ils ne sont jamais grands, parce qu'ils ont trop tôt cru l'être. Impatients de jouir de la gloire prématurée d'un mérite avancé, ils sacrifient l'utile à l'agréable; & l'automne n'a point de fruits, par l'empressement qu'ils ont eu de cueillir toutes les fleurs dans le printemps.

Que l'on donne quelques années, si l'on veut, à cette premiere soif de gloire & de réputation, qui s'éteindroit peut-être bientôt, si elle n'étoit excitée & comme irritée par le succès; que l'on acquiere dans la jeunesse ce que la jeunesse seule peut donner, la sûreté de la mémoire, la facilité des expressions, la hardiesse & la liberté de la prononciation: mais contents d'avoir acquis ces premiers avantages, ne rougissez point de rentrer dans le sein de l'étude dont vous êtes sortis. Vous savez parler, mais vous n'êtes pas encore orateurs; il faut achever ce grand ouvrage, dont vous n'avez pu tracer qu'une ébauche légere; il faut former cette statue, dont vous n'avez pu montrer au public qu'une premiere idée & qu'un modele imparfait. Et peut-être qu'après avoir été exercés, non dans l'ombre de l'école, mais dans la vive lumiere du barreau, vous condamnerez la légéreté de vos premieres études ; & joignant l'expérience aux préceptes, & l'usage à la doctrine, vous rentrerez dans la carriere pleins d'une nouvelle vigueur, assurés de surpasser en un moment ceux qui croient vous avoir laissés bien loin après eux.

Tel fut le sage & utile conseil d'un de ces illustres magistrats, dont la mémoire honorée des savans, précieuse aux gens de bien, chere à la compagnie, est déjà en possession de l'immortalité : ce grand homme, dans lequel le ciel avoit joint l'éclat de la réputation à celui de la naissance, & l'élévation du génie à la profondeur de la doctrine, vit croître avec plaisir un de ces rares sujets qui s'élevent de tems en tems parmi vous, pour la gloire de votre ordre & pour l'honneur de leur siecle ; il applaudit le premier à ce mérite naissant : mais, au lieu de lui donner des éloges stériles, il lui imposa l'heureuse nécessité de se dérober pendant quelque tems aux louanges & aux acclamations des hommes, pour apprendre à les mieux mériter.

Le succès passa ses espérances, & Me MICHEL LANGLOIS fut obligé de reconnoître, pendant tout le cours d'une longue & glorieuse carriere, qu'il étoit redevable de toute sa grandeur au salutaire retardement que son illustre protecteur avoit apporté à son élévation.

Que cet exemple fameux a eu peu d'imitateurs ! Non-seulement on se hâte de s'embarquer, avant le tems, sur la mer orageuse du barreau; mais un aveugle intérêt, un amour déréglé de la gloire, une vivacité d'esprit ardente, inquiete, empressée, plonge dans le courant des affaires tous ceux qui pourroient exceller dans votre profession; & cette multiplicité infinie d'occupations différentes, qui servent d'aliment & de nourriture à l'ardeur dévorante de leur génie, ne leur laisse ni la liberté de digérer le présent, ni le loisir de se préparer pour l'avenir.

Delà cette négligence à s'instruire des faits qui doivent servir de matiere aux décisions de la justice, cette honte de ne pas savoir ce que l'on entreprend d'expliquer aux autres, ou cette hardiesse d'expliquer ce qu'on ne sait pas, & de n'achever d'apprendre sa cause qu'en achevant de la plaider.

De là cette ignorance du droit, ou du moins cette science superficielle, toujours douteuse & toujours chancelante, qui se sert des richesses qu'elle emprunte, non avec la noble sécurité d'un possesseur légitime, mais avec la timide & incertaine defiance d'un voleur mal assuré, qui craint d'être surpris dans son larcin.

De là cette longueur fatigante, ces répétitions ennuyeuses, ce mépris de ses auditeurs, cette espece d'irrévérence pour la sainteté de la justice & pour la dignité du sénat, cette bassesse de style, & cette familiarité indécente du discours, plus convenable à la liberté d'une conversation particuliere, qu'à la majesté d'une audience publique.

Heureuse l'utile défiance de l'orateur sagement timide, qui, dans le choix & dans le partage de ses occupations, a perpétuellement devant les yeux ce qu'il doit à ses parties, à la justice, à lui-même! Toujours environné de ces censeurs rigoureux, & plein d'un saint respect pour le tribunal devant lequel il doit paroître, il voudroit, suivant le souhait d'un ancien orateur, qu'il lui fût permis, non-seulement d'écrire avec soin, mais de graver avec effort les paroles qu'il y doit prononcer. Si quelquefois il n'a pas la liberté de mesurer le style & les expressions de ses discours, il en médite toujours l'ordre & les pensées; & souvent même la méditation simple prenant la place d'une exacte composition, & la justesse des pensées produisant celle des paroles, l'auditeur surpris croit que l'orateur a travaillé pendant long-tems à perfectionner un édifice dont il a eu à peine le loisir de tracer le premier plan. Mais, bien loin de se laisser éblouir par l'heureux succès d'une éloquence subite, il reprend toujours avec une nouvelle ardeur le pénible travail de la composition. C'est là qu'il pese scrupuleusement jusques aux moindres expressions dans la balance exacte d'une juste & savante critique : c'est là qu'il ose retrancher tout ce qui ne présente pas à l'esprit une image vive & lumineuse; qu'il développe tout ce qui peut paroître obscur ou équivoque à un auditeur médiocrement attentif; qu'il joint les graces & les ornemens à la clarté & à la pureté du discours ; qu'en évitant la négligence, il ne fuit pas moins l'écueil également dangereux de l'affectation ; & que, prenant en main une lime savante, il ajoute autant de force à son discours, qu'il en retranche de paroles inutiles ; imitant l'adresse de ces habiles sculpteurs, qui, travaillant sur des matieres les plus précieuses, en augmentent le prix à mesure qu'ils les diminuent, & ne forment les chefs-d'œuvre les plus parfaits de leur art, que par le simple retranchement d'une riche superfluité.

Mais cette exactitude de style & cette élégance de composition sont des vertus que l'on connoît à peine dans la premiere jeunesse, & que l'on méprise dans un âge plus avancé : bientôt on laissera aussi la science en partage à la jeunesse, & les anciens dédaigneront d'apprendre ce qu'ils devroient rougir de ne pas savoir.

Où sont aujourd'hui les orateurs capables d'imiter la sagesse de cet ancien législateur qui regardoit la vie comme une longue éducation, dans laquelle il vieillissoit en acquérant toujours de nouvelles connoissances ?

Combien en voyons-nous au contraire qui ſe contentent de conſerver les premieres notions qu'ils ont apportées en entrant dans le barreau ! Leur doctrine & leur capacité demeurent toujours, ſi l'on oſe le dire, dans une eſpece d'enfance ; & ce qu'ils ont de plus que le reſte des hommes lorſqu'ils arrivent à la vieilleſſe, eſt le talent de former des doutes, & ſouvent la dangereuſe habitude de propoſer les opinions les plus douteuſes comme des déciſions certaines & infaillibles. C'eſt alors que l'on commence à ſentir, mais trop tard, la néceſſité de ſe ſouſtraire à la multitude des occupations, pour joindre l'aſſiduité de l'étude à l'exercice de la parole : c'eſt en cét état que l'orateur regrette vainement ſa grandeur paſſée, lorſqu'il voit ſon mérite vieillir avec lui, ſa réputation s'uſer avec ſes forces, & l'éclat de ſon nom s'éteindre avec le ſon de ſa voix: malheureux de ſurvivre à ſa gloire, & d'être forcé d'apprendre par une triſte expérience combien, dans votre profeſſion, l'avocat eſt au-deſſus de l'orateur !

Ce n'eſt pas ainſi qu'a vécu dans

votre ordre ce modele accompli d'un ſage & ſavant avocat (1), que nous avons pleuré avec vous, & que nous pleurerions encore, ſi nous n'eſpérions de le voir revivre dans la perſonne d'un fils vraiment digne de lui, auquel il ne manque que des années pour lui reſſembler parfaitement. Quelle étendue de lumieres naturelles! quelle droiture d'eſprit! quelle juſteſſe! nous oſerions preſque dire, quelle infaillibilité de raiſonnement! Il n'y avoit rien au-deſſus de la bonté de ſon eſprit, que celle de ſon cœur: on voyoit en lui une vive image & une noble expreſſion de la candeur de nos peres, & de l'ancienne ſimplicité: ſa probité reconnue étoit une des armes les plus redoutables de ſon éloquence; & ſon nom ſeul étoit un préjugé de la juſtice des cauſes qu'il défendoit. Né avec ces avantages naturels, il les a ſurpaſſés par ſon travail & par ſon application. L'exercice continuel de la parole ne l'a point empêché d'amaſſer, pendant le reſte de ſa vie, ces tréſors de ſcience qu'il a diſtribués ſi libéra-

(1) M. Nouet.

lement dans sa vieillesse ; & quelle vieillesse a jamais été si honorée ? Sa maison sembloit être devenue une heureuse retraite, où la doctrine, l'expérience, la sagesse, & sur-tout une libre & sincere vérité, s'étoient retirées avec lui ; un tribunal domestique, où il prevenoit de loin, avec autant de certitude que de modestie, les sages décisions de la justice ; une espece de temple où se traitoient souvent les plus importantes affaires de la religion, & où les ministres des autels étoient tous les jours surpris de trouver dans un séculier, non-seulement plus de lumieres & plus de connoissances, mais plus de zele pour la pureté de la discipline, plus d'ardeur pour la gloire de l'église, que dans ceux qui approchent le plus près du sanctuaire. Heureux d'avoir joui pendant sa vie de cette vénération que les plus grands hommes n'obtiennent souvent qu'après leur mort ! & plus heureux encore d'avoir mérité d'être toujours proposé pour modele à ceux qui voudront exceller dans votre profession !

Que pourrions-nous ajouter après

cela qui ne fût au-dessous d'un si grand exemple ? Puisse-t-il ranimer votre courage, & dissiper ces vains prétextes dont votre amour-propre se sert souvent pour pallier les maux de votre ordre, au lieu de les guérir ! Les grands travaux, il est vrai, doivent être inspirés, soutenus, animés par de grandes récompenses ; mais quelle récompense peut flatter plus dignement la juste ambition d'une ame vertueuse, que celle qui vous est préparée, si vous osez marcher sur les traces encore récentes de votre illustre confrere ?

Etre grand, & ne devoir sa grandeur qu'à soi-même ; jouir d'une élévation qui, jusqu'à présent, a seule résisté à l'usurpation générale de la fortune ; être considéré par ses citoyens comme leur guide, leur flambeau, leur génie, & , si l'on ose le dire, leur ange tutélaire ; exercer sur eux une magistrature privée, dans la possession de cèt empire naturel que la raison remet entre les mains de ceux que leur éloquence & leur capacité élevent au-dessus des autres hommes : voilà le digne, le glorieux prix de vos travaux, que perſonne ne pourra jamais vous ravir. Vous ſeuls pouvez le perdre, vous ſeuls pouvez le mériter. Puiſſiez-vous ſentir toute la douceur d'une ſi pure récompenſe! Puiſſent les difficultés qui vous arrêtent, vous inſpirer une nouvelle ferveur, & devenir les inſtrumens de votre élévation, au lieu d'en être les obſtacles! Puiſſe cet illuſtre barreau, qui a toujours fait & qui fera toujours notre gloire & nos délices, rétabli dans ſon ancienne ſplendeur, ſe diſtinguer autant des autres profeſſions par ſa doctrine & par ſon éloquence, qu'il en eſt déjà diſtingué par ſa droiture & par ſa probité! Puiſſions-nous nous-mêmes profiter des inſtructions que notre place nous oblige de vous donner; & après avoir été réduits à la pénible néceſſité de vous parler aujourd'hui des défauts de votre ordre, n'être plus occupés qu'à louer & publier ſes vertus!

Les Procureurs doivent ſe renfermer hans les bornes de leur état, s'ils aſpirent à lui donner le degré de perfection qui peut lui convenir.

Qu'ils craignent de s'abaiſſer en

voulant

voulant s'élever; & qu'ils sachent que lorsqu'ils entreprennent sur les fonctions des Avocats, ils perdent presque toujours le mérite qui est propre à leur profession, sans acquérir celui d'un ordre supérieur.

Qu'en évitant cet abus, ils s'appliquent encore plus à retrancher la longueur & l'immensité des procédures, qui, faisant passer souvent entre leurs mains tout le fruit de la victoire de leurs parties, les exposent justement aux reproches du public.

Enfin qu'ils continuent de travailler à rétablir l'ordre & la discipline dans leurs corps; & que, prévenant nos exhortations & surpassant nos espérances mêmes, ils tâchent de mériter toujours l'approbation de la Cour, sans exciter la censure de notre ministere.

TROISIEME DISCOURS,

L'INDÉPENDANCE DE L'AVOCAT.

Ouverture des Audiences, 1698.

TOUS les hommes aspirent à l'indépendance : mais cet heureux état, qui est le but & la fin de leurs desirs, est celui dont ils jouissent le moins.

Avares de leurs trésors, ils sont prodigues de leur liberté ; & pendant qu'ils se réduisent dans un esclavage volontaire, ils accusent la nature d'avoir formé en eux un vœu qu'elle ne contente jamais.

Trompés par la fausse lueur d'une liberte apparente, ils éprouvent toute la rigueur d'une véritable tyrannie.

Malheureux par la vue de ce qu'ils n'ont pas, sans être heureux par la jouissance de ce qu'ils possedent; toujours esclaves, parce qu'ils desirent toujours, leur vie n'est qu'une longue servitude ; & ils arrivent à son dernier terme, avant que d'avoir ſenti les premieres douceurs de la liberté.

Les profeſſions les plus élevées ſont les plus dépendantes ; & dans le tems même qu'elles tiennent tous les autres états ſoumis à leur autorité, elles éprouvent à leur tour cette ſujétion néceſſaire où l'ordre de la ſociété a ſoumis toutes les conditions.

Le chemin qui conduit aux honneurs, eſt ſoumis au pouvoir de ces divinités que les hommes ont élevées ſur les ruines de leur liberté.

C'eſt là que les plus grands talens ſont ſacrifiés au fantôme de la nobleſſe, ou à l'idole de l'avarice ; & que, ſans ces ſecours étrangers, le mérite le plus éclatant eſt ſouvent condamné à une éternelle obſcurité.

Celui que la grandeur de ſes emplois éleve au-deſſus des autres hommes, reconnoît bientôt que le premier jour de ſa dignité eſt le dernier de ſon indépendance.

Il ne peut plus ſe procurer aucun repos qui ne ſoit fatal au public ; il ſe reproche les plaiſirs les plus innocens, parce qu'il ne peut plus les goûter que dans un tems conſacré à ſon devoir.

Si l'amour de la juſtice, ſi le deſir de ſervir ſa patrie peuvent le ſoutenir dans ſon état, ils ne peuvent l'empêcher de ſentir qu'il eſt eſclave, & de regretter ces jours heureux où il ne rendoit compte de ſon travail & de ſon loiſir qu'à lui-même.

La gloire fait porter des chaînes plus éclatantes à ceux qui les cherchent dans la profeſſion des armes; mais elles ne ſont pas moins peſantes, & ils éprouvent la néceſſité de ſervir, dans l'honneur même du commandement.

Il ſemble que la liberté, bannie du commerce des hommes, ait quitté le monde qui la mépriſoit, qu'elle ait cherché un port aſſuré & un aſyle dans la ſolitude, où elle n'eſt connue que d'un petit nombre d'adorateurs, qui ont préféré la douceur d'une liberté obſcure, aux peines & aux dégoûts d'une éclatante ſervitude.

Dans cet aſſujettiſſement preſque général de toutes les conditions, un ordre auſſi ancien que la magiſtrature, auſſi noble que la vertu, auſſi néceſſaire que la juſtice, ſe diſtingue par un caractere qui lui eſt propre; & ſeul entre tous les états, il se maintient toujours dans l'heureuse & paisible possession de son indépendance.

Libre sans être inutile à sa patrie, il se consacre au public sans en être esclave; & condamnant l'indifférence d'un philosophe qui cherche l'indépendance dans l'oisiveté, il plaint le malheur de ceux qui n'entrent dans les fonctions publiques, que par la perte de leur liberté.

La fortune les respecte; elle perd tout son empire sur une profession qui n'adore que la sagesse : la prospérité n'ajoute rien à son bonheur, parce qu'elle n'ajoute rien à son mérite; l'adversité ne lui ôte rien, parce qu'elle lui laisse toute sa vertu.

Si elle conserve encore des passions, elle ne s'en sert plus que comme d'un secours utile à la raison; en les rendant esclaves de la justice, elle ne les emploie que pour en affermir l'autorité.

Exempte de toute sorte de servitudes, elle arrive à la plus grande élévation, sans perdre aucun des droits de sa premiere liberté; & dédaignant tous les ornemens inutiles à la vertu, elle peut rendre l'homme noble ſans naiſſance, riche ſans biens, élevé ſans dignités, heureux ſans le ſecours de la fortune.

Vous qui avez l'avantage d'exercer une profeſſion ſi glorieuſe, jouiſſez d'un ſi rare bonheur, connoiſſez toute l'étendue de vos privileges, & n'oubliez jamais que, comme la vertu eſt le principe de votre indépendance, c'eſt elle qui l'éleve à ſa derniere perfection.

Heureux d'être dans un état où faire ſa fortune & faire ſon devoir ne ſont qu'une même choſe, où le mérite & la gloire ſont inſéparables, où l'homme, unique auteur de ſon élévation, tient tous les autres hommes dans la dépendance de ſes lumieres, & les force de rendre hommage à la ſeule ſupériorité de ſon génie!

Ces diſtinctions qui ne ſont fondées que ſur le haſard de la naiſſance, ces grands noms dont l'orgueil du commun des hommes ſe flatte, & dont les ſages même ſont éblouis, deviennent des ſecours inutiles dans une profeſſion dont la vertu fait toute la nobleſſe, & dans laquelle les hommes ſont eſtimés, non par ce qu'ont fait leurs peres, mais par ce qu'ils ſont eux-mêmes.

Ils quittent, en entrant dans ce corps célebre, le rang que les préjugés leur donnoient dans le monde, pour reprendre celui que la raiſon leur donne dans l'ordre de la nature & de la vérité.

La juſtice, qui leur ouvre l'entrée du barreau, efface juſqu'au ſouvenir de ces différences injurieuſes à la vertu, & ne diſtingue plus que par le degré du mérite ceux qu'elle appelle également aux fonctions d'un même miniſtere.

Les richeſſes peuvent orner une autre profeſſion; mais la vôtre rougiroit de leur devoir ſon éclat. Elevés au comble de la gloire, vous vous ſouvenez encore que vous n'êtes ſouvent redevables de vos plus grands honneurs, qu'aux généreux efforts d'une vertueuſe médiocrité.

Ce qui eſt un obſtacle dans les autres états, devient un ſecours dans le vôtre. Vous mettez à profit les injures de la fortune; le travail vous donne ce que la nature vous a refuſé, & une heureuſe adverſité a ſouvent fait éclater un mérite qui auroit vieilli ſans elle dans le repos obſcur d'une longue proſperité.

Affranchis du joug de l'avarice, vous aſpirez à des biens qui ne ſont point ſoumis à ſa domination. Elle peut à ſon gré diſpoſer des honneurs; aveugle dans ſon choix, confondre tous les rangs, & donner aux richeſſes les dignités qui ne ſont dues qu'à la vertu : quelque grand que ſoit ſon empire, ne craignez pas qu'il s'étende jamais ſur votre profeſſion.

Le mérite, qui en eſt l'unique ornement, eſt le ſeul bien qui ne s'achete point ; & le public, toujours libre dans ſon ſuffrage, donne la gloire, & ne la vend jamais.

Vous n'éprouvez ni ſon inconſtance, ni ſon ingratitude : vous acquérez autant de protecteurs que vous avez de témoins de votre éloquence; les perſonnes les plus inconnues deviennent les inſtrumens de votre grandeur ; & pendant que l'amour de votre devoir eſt votre unique ambition, leurs voix & leurs applaudiſſemens forment cette haute réputation que les places les plus éminentes ne donnent point. Heureux de ne devoir ni les dignités aux richeſſes, ni les richeſſes aux dignités !

Que cette élévation eſt différente de celle que les hommes achetent au prix de leur bonheur, & ſouvent même de leur innocence !

Ce n'eſt point un tribut forcé que l'on paie à la fortune par bienſéance ou par néceſſité : c'eſt un hommage volontaire, une déférence naturelle que les hommes rendent à la vertu, & que la vertu ſeule a droit d'exiger d'eux.

Vous n'avez pas à craindre que l'on confonde, dans les honneurs que l'on vous rend, les droits du mérite avec ceux de la dignité, ni que l'on accorde aux emplois le reſpect que l'on refuſe à la perſonne ; votre grandeur eſt toujours votre ouvrage, & le public n'admire en vous que vous-mêmes.

Une gloire ſi éclatante ne ſera pas le fruit d'une longue ſervitude : la vertu dont vous faites profeſſion n'impoſe à ceux qui la ſuivent d'autres loix que celle de l'aimer ; & ſa poſſeſſion, quelque précieuſe qu'elle ſoit, n'a jamais coûté que le desir de l'obtenir.

Vous n'aurez point à regretter des jours vainement perdus dans les voies pénibles de l'ambition, des services rendus aux dépens de la justice, & justement payés par le mépris de ceux qui les ont reçus.

Tous vos jours sont marqués par les services que vous rendez à la société. Toutes vos occupations sont des exercices de droiture & de probité, de justice & de religion. La patrie ne perd aucun des momens de votre vie; elle profite même de votre loisir, & elle jouit des fruits de votre repos.

Le public, qui connoît quel est le prix de votre tems, vous dispense des devoirs qu'il exige des autres hommes; & ceux dont la fortune entraîne toujours après elle une foule d'adorateurs, viennent déposer chez vous l'éclat de leur dignité, pour se soumettre à vos décisions, & attendre de vos conseils la paix & la tranquillité de leurs familles.

Quoique rien ne semble plus essentiel aux fonctions de votre ministere que la ſublimité des penſées, la nobleſſe des expreſſions, les graces extérieures, & toutes les grandes qualités dont le concours forme la parfaite éloquence; ne croyez pourtant pas que la parfaite éloquence ſoit abſolument dépendante de tous ces avantages; & quand même la nature vous auroit envié quelqu'un de ces talens, ne privez pas le public des ſecours qu'il a droit d'attendre de vous.

Ces talens extraordinaires, cette grande & ſublime éloquence, ſont des préſens du ciel, qu'il n'accorde que rarement. On trouve à peine un orateur parfait dans une longue ſuite d'années; tous les ſiecles n'en ont pus produit, & la nature s'eſt repoſée long-tems après avoir formé les Cicéron & les Démoſthene.

Que ceux qui ont reçu ce glorieux avantage jouiſſent d'une ſi rare félicité; qu'ils cultivent ces ſemences de grandeur qu'ils trouvent dans leur génie, qu'ils joignent les vertus acquiſes aux talens naturels; qu'ils dominent dans le barreau, & qu'ils faſſent revivre dans nos jours la noble ſimplicité des orateurs d'Athenes, & l'heureuse fécondité de l'éloquence de Rome.

Mais si les premiers rangs sont dus à leurs grandes qualités, on peut vieillir avec honneur dans les seconds: & dans cette illustre carriere, il est glorieux de suivre ceux mêmes qu'on n'espere pas d'égaler.

Enfin, ajoutons à la gloire de votre ordre, que l'éloquence même, qui paroît son plus riche ornement, ne vous est pas toujours nécessaire pour arriver à la plus grande élévation: & le public a fait voir par d'illustres exemples qu'il savoit accorder la réputation des plus grands avocats à ceux qui n'avoient jamais aspiré à la gloire des orateurs.

La science a ses couronnes aussi-bien que l'éloquence. Si elles sont moins brillantes, elles n'en sont pas moins solides; le tems, qui diminue l'éclat des unes, augmente le prix des autres. Ces talens stériles pendant les premieres années, rendent avec usure, dans un âge plus avancé, les avantages qu'ils refusent dans la jeunesse; & votre ordre ne se vante pas moins des grands hommes qui l'ont enrichi par leur érudition, que de ceux qui l'ont orné par leur éloquence.

C'eſt ainſi que, par des routes différentes, mais toujours également aſſurées, vous arriverez à la même grandeur; & ceux que les moyens ont ſéparés, ſe réuniſſent dans la fin.

Parvenus à cette élévation qui, dans l'ordre du mérite, ne voit rien au-deſſus d'elle, il ne vous reſte plus, pour ajouter un dernier caractere à votre indépendance, que d'en rendre hommage à la vertu de qui vous l'avez reçue.

L'homme n'eſt jamais plus libre que lorſqu'il aſſujettit ſes paſſions à la raiſon, & ſa raiſon a la juſtice. Le pouvoir de faire du mal eſt une imperfection, & non pas un caractere eſſentiel de notre liberté, & elle ne recouvre ſa véritable grandeur, que lorſqu'elle perd cette triſte capacité, qui eſt la ſource de toutes ſes diſgraces.

Le plus libre & le plus indépendant de tous les êtres, n'eſt tout-puiſſant que pour faire le bien; ſon pouvoir infini n'a point d'autres bornes que le mal; il ſuit inviolablement les loix que sa providence s'est imposées ; il se soumet lui-même à l'ordre immuable de ses décrets éternels.

Les plus nobles images de la divinité, les Rois que l'Ecriture appelle les Dieux de la terre, ne sont jamais plus grands que lorsqu'ils soumettent toute leur grandeur à la justice, & qu'ils joignent au titre de maîtres du monde, celui d'esclaves de la loi.

Domter par la force des armes ceux qui n'ont pu souffrir le bonheur d'une paix que la seule modération du vainqueur leur avoit accordée, résister aux efforts d'une ligue puissante de cent peuples conjurés contre sa grandeur ; forcer des princes jaloux de sa gloire à admirer la main qui les frappe, & à louer les vertus qu'ils haïssent : agir également par-tout, & ne devoir ses victoires qu'à soi-même, c'est le portrait d'un héros, & ce n'est encore qu'une idée imparfaite de la vertu d'un roi.

Etre aussi supérieur à sa victoire qu'à ses ennemis ; ne combattre que pour faire triompher la religion ; ne régner que pour couronner la justice ; donner à ses desirs des bornes moins étendues qu'à sa puissance; ne faire sentir son pouvoir à ses sujets, que par le nombre de ses bienfaits; être plus jaloux du nom de pere de la patrie que du titre de conquérant, & moins sensible aux acclamations qui suivent ses triomphes qu'aux bénédictions du peuple soulagé dans sa misere; c'est la parfaite image de la grandeur d'un roi. C'est ce que la France admire; c'est ce qui fait son indépendance dans la guerre, & qui fera un jour son bonheur dans la paix.

Tel est le pouvoir de la vertu: c'est elle qui fait régner les rois, qui éleve les empires, & qui, dans tous les états, ne rend l'homme parfaitement libre, que lorsqu'elle l'a rendu parfaitement soumis aux loix de son devoir.

Vous donc qui, par une heureuse prérogative, avez reçu du ciel le riche présent d'une entiere indépendance, conservez ce précieux trésor; & si vous êtes véritablement jaloux de votre gloire, joignez la liberté de votre cœur à celle de votre profession.

Moins dominés par la tyrannie des passions que le commun des hommes, vous êtes plus esclaves de la raison; & la vertu acquiert autant d'empire sur vous, que la fortune en a perdu.

Vous marchez dans une route élevée, mais environnée de précipices; & la carriere où vous courez est marquée par les chûtes illustres de ceux qu'un sordide intérêt, un amour déréglé de leur indépendance, a précipités du comble de la gloire à laquelle ils étoient parvenus.

Les uns, indignes du nom d'orateur, ont fait de l'éloquence un art mercenaire; & se réduisant les premiers en servitude, ils ont rendu le plus célebre de tous les états esclave de la plus servile de toutes les passions.

Le public a méprisé ces ames vénales; & la perte de leur fortune a été la juste punition de ceux qui avoient sacrifié toute leur gloire à l'avarice.

D'autres, insensibles à l'amour des richesses, n'ont pu être maîtres d'eux-mêmes. Leur esprit, incapable de discipline, n'a jamais pu plier sous le joug de la regle & de l'autorité. Non contents de mériter l'estime, ils ont voulu l'enlever.

Flattés par la grandeur de leurs

premiers ſuccès, ils ſe ſont aiſément perſuadés que la force de leur éloquence pouvoit être ſupérieure à l'autorité de la loi.

Singuliers dans leurs déciſions, pleins de jalouſie contre leurs confreres, de duretés pour leur clients, de mépris pour tous les hommes, ils ont fait acheter leurs voix & leurs conſeils au prix de toute la biſarrerie d'un eſprit qui ne connoît point d'autres regles que les mouvemens inégaux de ſon humeur, & les ſaillies déréglées de ſon imagination.

Quelque grande réputation qu'ils aient acquiſe par leurs talens extraordinaires, la gloire la plus ſolide a manqué à leurs travaux; s'ils ont pu dominer ſur les eſprits, ils n'ont jamais pu ſe rendre maîtres des cœurs. Le public admiroit leur éloquence, mais il craignoit leur caprice; & tout ce que l'on peut dire de plus favorable pour eux, c'eſt qu'ils ont eu de grandes qualités, mais ils n'ont pas été de grands hommes.

Craignez ces exemples fameux, & ne vous flattez pas de pouvoir jouir de cette véritable indépendance à laquelle vous aspirez, si vous ne méritez ce bonheur par le parfait accomplissement de vos devoirs.

Vous êtes placés, pour le bien du public, entre le tumulte des passions humaines, & le trône de la justice: vous portez à ses pieds les voeux & les prieres des peuples: c'est par vous qu'ils reçoivent ses décisions & ses oracles: vous êtes également redevables & aux juges & à vos parties; & ce double engagement est le double principe de toutes vos obligations.

Respectez l'empire de la loi; ne la faites jamais servir, par des couleurs plus ingénieuses que solides, aux intérêts de vos cliens; soyez prêts de lui sacrifier, non-seulement vos biens & votre fortune, mais ce que vous avez de plus précieux, votre gloire & votre réputation.

Apportez aux fonctions du barreau un amour de la justice digne des plus grands magistrats; consacrez à son service toute la grandeur de votre ministere; n'approchez jamais de ce tribunal auguste, le plus noble séjour qu'elle ait sur la terre, qu'avec un saint respect, qui vous inspire des penſées & des ſentimens auſſi proportionnés à la dignité des juges qui vous écoutent, qu'à l'importance des ſujets que vous y traitez.

N'ayez pas moins de vénération pour les miniſtres de la juſtice, que pour la juſtice même; travaillez à mériter leur eſtime, conſidérez-les comme les véritables diſtributeurs de cette gloire parfaite qui eſt l'objet de vos deſirs, & regardez leur approbation comme la plus ſolide récompenſe de vos travaux.

Egalement élevés au-deſſus des paſſions & des préjugés, ils ſont accoutumés à ne donner leur ſuffrage qu'à la raiſon, & ils ne forment leurs jugemens que ſur la lumiere toujours pure de la ſimple vérité.

S'ils ſont encore ſuſceptibles de quelque prévention, c'eſt de ce préjugé avantageux que la probité reconnue de l'avocat fait naître en faveur de ſa partie : ſervez-vous de cet innocent artifice pour concilier leur attention & attirer leur confiance.

Ne vous flattez jamais du malheureux honneur d'avoir obſcurci la vérité : &, plus ſenſibles aux intérêts de la juſtice qu'au deſir d'une vaine réputation, cherchez plutôt à faire paroître la bonté de votre cauſe, que la grandeur de votre eſprit.

Que le zele que vous apporterez à la défenſe de vos cliens, ne ſoit pas capable de vous rendre eſclaves de leurs paſſions ; ne devenez jamais les miniſtres de leur reſſentiment, & les organes de leur malignité ſecrete, qui aime mieux nuire aux autres que d'être utile à ſoi-même, & qui eſt plus occupée du deſir de ſe venger que du ſoin de ſe défendre.

Quel caractere peut-être plus indigne de la gloire d'un ordre qui met tout ſon bonheur dans ſon indépendance, que celui d'un homme qui eſt toujours agité par les mouvemens empruntés d'une paſſion étrangere, qui s'appaiſe & s'irrite au gré de ſa partie, & dont l'éloquence eſt eſclave d'une expreſſion ſatyrique qui le rend toujours odieux & ſouvent mépriſable à ceux même qui lui applaudiſſent ?

Refuſez à vos parties, refuſez-vous à vous-mêmes l'inhumain plaiſir d'une déclamation injurieuſe : bien loin de vous ſervir des armes du menſonge &

de la calomnie, que votre délicatesse aille jusqu'à supprimer même les reproches véritables, lorsqu'ils ne sont que blesser vos adversaires, sans être utiles à vos parties; & si leur intérêt vous force à les expliquer, que la retenue avec laquelle vous les proposerez soit une preuve de leur vérité, & qu'il paroisse au public que la nécessité de votre devoir vous arrache avec peine ce que la modération de votre esprit souhaiteroit de dissimuler.

Ne soyez pas moins éloignés de la basse timidité d'un silence pernicieux à vos parties, que de la licence aveugle d'une satyre criminelle; que votre caractere soit celui d'une généreuse & sage liberté.

Que les foibles & les malheureux trouvent dans votre voix un asyle assuré contre l'oppression & la violence; & dans ces occasions dangereuses, où la fortune veut éprouver ses forces contre votre vertu, montrez-lui que vous êtes affranchis de son pouvoir, & supérieurs à sa domination.

Quand, après avoir passé par les orages & les agitations du barreau, vous arriverez enfin à ce port heureux, où, supérieurs à l'envie, vous jouissez en sûreté de toute votre réputation, c'est le tems où votre liberté reçoit un nouvel accroissement, & où vous devez en faire un nouveau sacrifice au bien public.

Arbitres de toutes les familles, juges volontaires des plus célebres différends, tremblez à la vue d'un si saint ministere; & craignez de vous en rendre indignes, en conservant encore ce zele trop ardent, cet esprit de parti, cette prévention autrefois nécessaire pour la défense de vos cliens.

Laissez, en quittant le barreau, ces armes qui ont remporté tant de victoires dans la carriere de l'éloquence; oubliez cette ardeur qui vous animoit lorsqu'il s'agissoit de combattre, & non pas de décider du prix; & quoique votre autorité ne soit fondée que sur un choix purement volontaire, ne croyez pas que votre suffrage soit dû à celui qui vous a choisis, & soyez persuadés que votre ministere n'est distingué de celui des juges que par le caractere, & non par les obligations. Sacrifiez à de si nobles fonctions tous les momens de votre vie : vous êtes comptables envers la patrie de tous les talens qu'elle admire en vous, & que vos forces peuvent vous permettre. C'eſt une eſpece d'impiété que de refuſer à vos concitoyens un ſecours auſſi utile pour eux, qu'il eſt glorieux pour vous.

Enfin, ſi, dans une extrême vieilleſſe, votre ſanté affoiblie par les efforts qu'elle a faits pour le public, ne ſouffre pas que vous lui conſacriez le reſte de vos jours, vous goûterez alors ce repos durable, cette paix intérieure qui eſt la marque de l'innocence & le prix de la ſageſſe.

Vous jouirez de la gloire de l'orateur & de la tranquillité du philoſophe : & ſi vous êtes attentifs à obſerver le progrès de votre élévation, vous trouverez que l'indépendance de la fortune vous a élevés au-deſſus des autres hommes, & que la dépendance de la vertu vous a élevés au-deſſus de vous-mêmes.

QUATRIEME DISCOURS.

LA GRANDEUR D'AME.

Mercuriale de 1699.

Il n'y a point de vertu plus rare & plus inconnue dans notre ſiecle, que la véritable grandeur d'ame : à peine en conſervons-nous une idée imparfaite, & une image confuſe. Nous la regardons ſouvent comme une de ces vertus qui ne vivent que dans notre imagination, qui n'exiſtent que dans les écrits des philoſophes, que nous concevons, mais que nous ne voyons preſque jamais ; & qui s'élevant au-deſſus de l'humanité, ſont plutôt l'objet d'une admiration ſtérile, que celui d'une utile & glorieuſe imitation.

Cette ſupériorité d'une ame qui ne connoît rien au-deſſus d'elle que la raiſon & la loi ; cette fermeté de courage qui demeure immobile au milieu du monde ébranlé ; cette fierté généreuſe d'un cœur ſincérement vertueux, qui ne ſe propoſe jamais d'autre récompenſe

penſe que la vertu même, qui ne deſire que le bien public, qui le deſire toujours, & qui, par une ſainte ambition, veut rendre à ſa patrie encore plus qu'il n'a reçu d'elle, ſont les premiers traits & les plus ſimples couleurs dont notre eſprit ſe ſert pour tracer le tableau de la grandeur d'ame.

Mais, étonnés par la ſeule idée d'une ſi noble vertu, & déſeſpérant d'atteindre jamais à la hauteur de ce modele, nous la regardons comme le partage des héros de l'antiquité : nous croyons que, bannie de notre ſiecle, & proſcrite du commerce des vivans, elle n'habite plus que parmi ces illuſtres morts dont la grandeur vit encore dans les monumens de l'hiſtoire.

Triſte & funeſte jugement que nous prononçons contre notre âge, & par lequel nous nous condamnons nous-mêmes à une perpétuelle foibleſſe ! Il ſemble que le privilege d'être véritablement grand ait été réſervé au Sénat de l'ancienne Rome ; & que la ſolide, la ſincere grandeur d'ame, attachée à la fortune de l'Empire Romain, ait été comme enveloppée dans ſa chûte, & enſevelie ſous ſes ruines.

Nos peres, à la vérité, en ont vu luire quelques rayons éclatans qui ſembloient vouloir ſe faire jour au travers des ténebres de leur ſiecle; mais la maligne foibleſſe du nôtre ne peut plus même ſupporter les précieux reſtes de cette vive lumiere: toujours dominés par la vue de nos intérêts particuliers, nous ne ſaurions croire qu'il y ait des ames aſſez généreuſes pour n'être occupées que des intérêts publics; nous craignons de trouver dans les autres une grandeur que nous ne ſentons point en nous; ſa préſence importune ſeroit un reproche continuel qui offenſeroit la ſuperbe délicateſſe de notre amour-propre; & perſuadés qu'il n'y a que de fauſſes vertus, nous ne penſons plus à imiter ni même à honorer les véritables.

La grandeur d'ame ne reçoit des hommages ſinceres que dans les ſiecles où elle eſt plus commune.

Il n'appartient qu'aux grands hommes de ſe connoître les uns les autres, & de s'honorer véritablement. Le reſte des hommes ne les connoît pas, ou, s'il les connoît, il s'en défie ſouvent,

& il les craint presque toujours; leur simplicité, que nous ne saurions croire véritable, ne peut nous rassurer contre leur élévation, qui condamne & qui désespere notre foiblesse. Au milieu de ces préventions si contraires au véritable mérite, heureux le magistrat qui ose apprendre aux hommes que la grandeur d'ame est une vertu de tous les siecles comme de tous les états; & que, si la corruption de nos mœurs la fait paroître plus difficile, il ne sera jamais en son pouvoir de la rendre impossible à l'homme de bien!

Né pour la patrie beaucoup plus que pour lui-même, depuis ce moment solemnel où comme un esclave volontaire la république l'a chargé de chaînes honorables, il ne s'est plus considéré que comme une victime dévouée non-seulement à l'utilité, mais à l'injustice du public. Il regarde son siecle comme un adversaire redoutable, contre lequel il sera obligé de combattre pendant tout le cours de sa vie: pour le servir, il aura le courage de l'offenser; & s'il s'attire quelquefois sa haine, il méritera toujours son estime.

Qu'il ne se laisse pas détourner d'un si noble dessein par les fausses idées de ceux qui déshonorent la justice, en lui arrachant la grandeur d'ame qui lui est si naturelle, pour en faire le glorieux appanage de la vertu militaire.

Que nous serions à plaindre, s'il falloit toujours acheter le plaisir de voir de grandes ames par les larmes & par le sang qui accompagnent le char des conquérans ! & que la condition des hommes seroit déplorable, s'ils étoient obligés de souhaiter la guerre, ou de renoncer à la véritable gandeur !

Que ce pompeux appareil qui environne la gloire des armes, éblouisse les yeux d'un peuple ignorant, qui n'admire que ce qui frappe & qui étonne ses sens ; qu'il n'adore que la vertu armée & redoutable, qu'il la méprise tranquille, & qu'il la méconnoisse dans sa simplicité.

Le sage plaint en secret l'erreur des jugemens du vulgaire. Il connoît tout le prix de cette grandeur intérieure qui ne partage avec personne la gloire de régner & de vaincre, & qui, tenant de la nature des choses divines, vit contente de ses seules richesses, &

ſe couronne de ſes propres mains.

Il eſt, n'en doutons point, des héros de tous les tems & de toutes les profeſſions. La paix a les ſiens comme la guerre; & ceux que la juſtice conſacre, ont au moins la gloire, d'être plus utiles au genre-humain, que ceux que la valeur a couronnés. Le plus parfait modele de la véritable grandeur, Dieu même qui en poſſede la ſource & la plénitude, eſt encore plus jaloux du titre de juſte juge, que de celui de Dieu des armées. Il permet la guerre, mais il ordonne la paix : & ſi le conquérant eſt l'image terrible d'un Dieu vengeur & irrité, le juſte eſt la noble expreſſion d'une Divinité favorable & bienfaiſante.

Car, qu'eſt-ce qu'un magiſtrat ? Et quelle eſt l'idée que la vertu en offre à notre eſprit ? Heureux, ſi une ſenſible expérience la rendoit toujours préſente à nos yeux !

C'eſt un homme toujours armé pour faire triompher la juſtice, protecteur intrépide de l'innocence, redoutable vengeur de l'iniquité; capable, ſuivant la ſublime expreſſion de la ſageſſe même, de forcer & de rompre avec un courage invincible ces murs d'airain & ces remparts impénétrables qui semblent mettre le vice à couvert de tous les efforts de la vertu. Foible souvent en apparence, mais toujours grand & toujours puissant en effet, les orages & les tempêtes des intérêts humains viennent se briser vainement contre sa fermeté.

Enfin, c'est un homme tellement lié, tellement uni, &, si nous l'osons dire, tellement confondu avec la justice, qu'on diroit qu'il soit devenu une même chose avec elle. Le bonheur du peuple est non-seulement sa loi suprême, mais son unique loi. Ses pensées, ses paroles, ses actions, sont les pensées, les paroles, les actions d'un législateur; & seul dans sa patrie il jouit du rare bonheur d'être regardé par tous ses citoyens comme un homme dévoué au salut de la république.

Que si les grandes ames ne demandent au ciel que de grands travaux à soutenir, de grands dangers à mépriser, de grands ennemis à combattre; quels travaux, quels dangers, quels ennemis plus dignes des généreux efforts de l'homme de bien, que ceux que la vertu prépare aux magistrats dans le cours d'une longue & périlleuse carriere?

Plus avare pour lui que pour le reste des hommes, à quel prix ne lui fait-elle pas acheter la grandeur qu'elle lui destine! Occuper un esprit né pour les grandes choses à suivre scrupuleusement les discours artificieux & les profonds replis d'une procédure embarrassée; voir la justice gémir sous le poids d'un nombre infini de formalités captieuses, & ne pouvoir la soulager; se perdre & s'abîmer tous les jours de plus en plus dans cette mer immense de loix anciennes & nouvelles, dont la multitude a toujours été regardée par les sages comme une preuve éclatante de la corruption de la république; avoir continuellement devant les yeux le triste spectacle des foiblesses & des miseres humaines, plus puissant pour les condamner que pour les prévenir, & toujours obligé de punir les hommes sans espérer presque jamais de pouvoir les corriger; demeurer inviolablement attaché au culte de la justice dans un tems où elle n'offre que des peines & des travaux à ſes adorateurs, & où il ſemble que ce ſoit prendre une route oppoſée à la fortune que de s'engager dans celle de la magiſtrature; c'eſt le premier objet que la vertu préſente à la grandeur d'ame du magiſtrat.

La jeuneſſe n'a point pour lui de plaiſirs, la vieilleſſe ne lui offre point de repos. Ceux qui meſurent la durée de leur vie par l'abondance & par la variété de leurs divertiſſemens, croient qu'il n'a point vécu, ou plutôt ils regardent ſa vie comme une longue mort, dans laquelle il a toujours vécu pour les autres, ſans vivre jamais pour lui; comme ſi nous perdions tous les jours que nous donnons à la république, & comme ſi ce n'étoit pas au contraire l'unique moyen d'enchaîner la rapidité de nos années, & de les rendre toujours durables, en les mettant comme en dépôt dans le ſein de cette gloire ſolide qui conſacre la mémoire de l'homme juſte à l'immortalité.

Heureux au moins ſi, forcé de ſuivre une route pénible & laborieuſe, il pouvoit y marcher avec aſſurance! ou plutôt, pour parler toujours le langage de la vertu, heureux de trouver dans ſa courſe des dangers qui ne ſont pas moins dignes de la grandeur de ſon ame, que les travaux de ſon état!

Telle eſt la glorieuſe néceſſité que la juſtice impoſe au magiſtrat, lorſqu'elle imprime ſur ſon front le ſacré caractere de ſon autorité. Image vivante de la loi, il faut qu'il marche toujours comme elle entre deux extrémités oppoſées; & que, s'ouvrant un chemin difficile entre les écueils qui environnent ſa profeſſion, il craigne de s'aller briſer contre l'un en voulant éviter l'autre.

C'eſt, à la vérité, un grand ſpectacle & un objet digne des regards de la juſtice même, que l'homme de bien accompagné de la ſeule vertu, aux priſes avec l'homme puiſſant ſoutenu de ce que la faveur a de plus redoutable. Qu'il eſt beau de convaincre la fortune d'impuiſſance, de lui faire avouer que le cœur du magiſtrat eſt affranchi de ſa domination, & que toutes les fois qu'elle a voulu attaquer ſa vertu, elle n'eſt jamais ſortie que vaincue de ce combat!

La gloire de ce triomphe ſemble même obſcurcir l'éclat des autres victoires du magiſtrat : c'eſt par là ſeulement que le commun des hommes lui permet de s'élever juſqu'au rang des héros, & d'entrer avec eux en partage de la grandeur d'ame.

N'attaquons point ici l'excès de cette prévention. A Dieu ne plaiſe que nous voulions jamais diminuer le prix de ces grandes actions, où l'on a vu de ſages, d'intrépides magiſtrats ſacrifier ſans balancer leurs plus juſtes eſpérances ; devenir avec joie les victimes illuſtres de la droiture & de la probité ; & renonçant aux promeſſes de la fortune, ſe renfermer glorieuſement dans le ſein de leur vertu ! Avouons-le néanmoins, & diſons, comme ces grands hommes l'auroient dit eux-mêmes, que ce que les ames communes regardent comme une illuſtre mais dure néceſſité pour le magiſtrat, eſt une rare félicité.

Quel eſt l'homme de bien qui ne porte envie à une ſi heureuſe diſgrace, & qui ne ſoit prêt de l'acheter au prix de la plus haute fortune ?

Diſons-le donc hardiment : il eſt plus honteux de céder à la faveur, qu'il n'eſt glorieux de lui réſiſter. La véritable grandeur d'ame rougit en secret des applaudissemens qu'elle est forcée de recevoir. Lorsqu'elle a goûté le plaisir si pur de triompher de la faveur, en s'immolant à la justice, elle rejette avec une espece d'indignation ces éloges injurieux à sa probité, & il lui semble qu'on la loue de n'avoir pas fait un crime.

Si quelque ennemi lui paroît redoutable, c'est ce desir naturel à toutes les grandes ames, de soutenir toujours le pauvre & le foible contre le riche & le puissant.

Tentation dangereuse, séduction d'autant plus à craindre pour l'homme de bien, qu'il semble qu'elle conspire contre lui avec ses propres vertus; elle lui fait prendre pour un excès de force ce qui n'est qu'un excès de foiblesse; il adore une fausse image de grandeur, & il offre à l'iniquité le sacrifice qu'il croit présenter à la justice.

Il s'éleve du fond de notre cœur une secrete fierté, & un orgueil d'autant plus dangereux qu'il est plus subtil & plus délicat, qui nous révolte contre le crédit & l'autorité : ce n'est point l'amour de la justice qui nous anime, c'eſt la haine de la faveur. On regarde ces jours éclatans où l'on voit les plus hautes puiſſances abattues, conſternées, captives ſous le joug de la juſtice, comme le triomphe de la magiſtrature. C'eſt alors que le magiſtrat recueille avec plaiſir les louanges d'un peuple groſſier, qui ne lui applaudit que parce qu'il croit que l'injuſtice eſt la compagnie inſéparable de la faveur; & goûtant avec encore plus de ſatisfaction les reproches des grands qu'il a ſacrifiés à ſa gloire, il ſe flatte du faux honneur de mépriſer les menaces de la fortune irritée, dans le tems qu'il ne devroit ſonger qu'à appaiſer la juſtice.

Mais ſavoir s'expoſer, non pas à la haine & à la vengeance des grands, mais à la cenſure & à l'indignation des gens de bien mêmes qui ſe laiſſent quelquefois entraîner par le torrent des jugemens populaires; aimer mieux être grand que le paroître; n'être ſenſible ni à la fauſſe gloire de s'élever au-deſſus de la plus redoutable puiſſance, ni à la fauſſe honte de paroître ſuccomber à ſon crédit; & ſe charger volontairement des apparences odieuſes de l'iniquité, pour ſervir la juſtice au prix de toute ſa réputation, par une conſtante & glorieuſe infamie ; c'eſt ce qui n'eſt réſervé qu'à un petit nombre d'ames généreuſes que leur vertu éleve au-deſſus de leur gloire même.

Ennemies de la fauſſe gloire, elles fuient encore plus l'eſprit de hauteur & de domination, écueil ſouvent fatal à la plupart des grandes ames.

Qu'il eſt rare de trouver des génies aſſez ſupérieurs pour tempérer par leur modeſtie l'éclat de la ſupériorité de leurs lumieres, & pour adoucir, par leur ſageſſe, l'empire d'une raiſon dominante qui ſe ſent née pour être ſouveraine !

Qu'il eſt difficile de ſavoir conſerver la modération dans le bien même, & d'éviter l'excès juſques dans les avantages de l'eſprit ! Et quelle grandeur d'ame ne faut-il pas avoir pour échapper à ce péril, puiſqu'il faut être grand pour pouvoir même y ſuccomber !

C'eſt à cette rare ſageſſe que le vertueux magiſtrat aſpire continuellement : s'il plaint la baſſe timidité de ces ames puſillanimes qui ſe laiſſent ébranser par la moindre contradiction; & qui n'abandonnent leur premier suffrage que parce qu'il est combattu, il ne condamne pas moins la fierté présomptueuse de ces génies indociles qui soutiennent leurs avis, moins parce qu'ils sont justes, que parce qu'ils les ont proposés; & qui, sans respecter souvent ni la prérogative de l'âge, ni celle de la dignité, veulent que tout genou fléchisse, & que toute langue rende hommage à la hauteur de leur esprit. Attentif à ménager la foiblesse du cœur humain, qui, dans le tems même qu'il a le plus besoin d'être gouverné, ne craint rien tant que de sentir qu'on le gouverne, il appréhende encore plus de déshonorer la raison, en lui prêtant cet extérieur tyrannique qui ne convient qu'à la passion: & jusqu'à quel point ne portera-t-il pas sa timide retenue, lorsqu'il pensera qu'un ton trop décisif, un air plein de confiance, ont souvent nui à la justice même, que les esprits les plus modérés se soulevent presque toujours contre ceux qui pensent moins à les convaincre qu'à les subjuguer; & que, par un de ces mouvemens secrets qui se glissent en nous malgré nous-mêmes, ils font porter à la justice la peine des manieres indiscretes de celui qui la leur montre !

S'il regne souvent sur les opinions des autres juges, c'est par la seule évidence de ses raisons, & par la sage modestie avec laquelle il les insinue. Il semble qu'il s'instruise lui-même, dans le tems qu'il les instruit ; l'on diroit qu'il ne fait que les suivre, lorsque c'est lui qui leur trace le chemin ; & il possede si parfaitement l'art de conduire les hommes dans la voie de la vérité, que ceux qu'il conduit ne s'en apperçoivent jamais que par les chûtes qu'ils font lorsqu'il ne les conduit pas.

Avec de si heureuses dispositions, que l'on ne craigne rien de la grandeur & de l'étendue de ses talens. La justice ne sera jamais réduite à redouter la force & l'élévation de son génie. On n'apprehendera point qu'il tourne contre la loi les armes qu'elle ne lui a données que pour la défendre, & qu'il usurpe sur elle un empire dont il n'est le dépositaire que pour la faire régner.

Loin du ſage magiſtrat l'indigne affectation de ces juges dangereux qui dédaignent la gloire facile d'avoir ſuivi le bon parti ; qui ſoutiennent preſque toujours le parti contraire, parce qu'il eſt plus propre à faire connoître la vivacité & la ſupériorité de leur génie ; qui ſe déclarent les protecteurs de toutes les affaires déplorées, & qui croient que la grandeur de l'eſprit humain conſiſte à paroître ſupérieur à la raiſon & à la vérité !

D'autant plus ſoumis qu'il eſt plus éclairé, le magiſtrat qui aſpire à être véritablement grand, dépoſe toute ſa grandeur au pied du trône de la juſtice. Heureux, quand il a pu la connoître lui même ! plus heureux encore, quand il a eu l'avantage de la faire connoître aux autres ! Auſſi ſimple que religieux adorateur de la loi, on ne le voit jamais s'exercer vainement à en combattre la lettre par des inconvéniens imaginaires, à en éluder l'eſprit par des interprétations captieuſes, pour en détruire l'autorité par une feinte & apparente ſoumiſſion.

Quels dangers pourroient ébranler une ame ſi forte & ſi généreuſe ?

Sera-t-elle ſenſible aux honneurs de l'amitié, elle qui a réſiſté aux careſſes de la fortune ?

Se laiſſera-t-elle éblouir par l'éclat de ſa dignité ? Et croira-t-elle que tout doit céder à ſon crédit, & plier ſous le poids de ce pouvoir étranger, que la crainte de l'autorité du magiſtrat, beaucoup plus que l'eſtime de ſa vertu, lui donne quelquefois ſur l'eſprit des autres hommes ? Mais elle a toujours regardé avec indignation ces miniſtres infideles qui conſiderent leur dignité comme un bien qui leur appartient, qui cherchent à jouir de leur élévation, comme s'ils étoient juges pour eux-mêmes, & non pour la république, & qui veulent s'approprier une grandeur que la patrie ne leur prête que pour les rendre eſclaves de tous ceux qui réclament leur autorité.

Enfin ſera-ce le dégoût de ſon état qui répandra un poiſon ſecret ſur toutes ſes occupations ? Il en connoîtra tous les dangers : mais ces dangers mêmes ſeront les liens qui l'attacheront encore plus étroitement à ſa profeſſion. Au lieu de l'en dégoûter, parce qu'elle eſt difficile, c'eſt au contraire parce qu'elle eſt difficile qu'il ſentira combien elle doit paroître honorable aux plus grandes ames. S'il ne peut aimer la place à laquelle il eſt attaché; il aimera le bien qu'il y fait. On pourra ne le pas élever, mais on ne pourra l'empêcher d'être grand; & cette grandeur immuable que l'homme de bien reçoit des mains de la vertu même, eſt celle qui fait ſon unique ambition.

Vainqueur de tant de dangers qui naiſſent, pour ainſi dire, ſous ſes pas dans la carriere de la magiſtrature, il ſera trop élevé pour craindre les attaques des ennemis qui l'environnent.

Les plaiſirs reſpecteront la ſainte rigueur de ſon auſtere ſageſſe: les paſſions timides & tremblantes ſe tairont ou s'enfuiront devant lui: une ſeule de ſes paroles fera plus d'impreſſion que les plus longs diſcours des autres magiſtrats: le déréglement ne pourra pas même ſoutenir la cenſure muette de ſon viſage ſévere, & le vice redoutera juſqu'à ſes regards.

L'ambition pourra ſe flatter d'abord de remporter ſur lui une victoire plus facile; mais elle éprouvera bientôt qu'il n'eſt pas plus ſenſible à la ſoif des honneurs qu'à l'ardeur des plaiſirs : elle cherchera ſouvent à ſe venger de ſes mépris ; mais elle ſera confuſe de n'avoir pu troubler la tranquillité de ſon ame ; & bien loin d'avoir excité ſes plaintes & ſes murmures, elle avouera avec regret qu'elle n'a pu même arracher un ſoupir du fond de ſon cœur.

Enfin, jamais l'intérêt ni l'avarice n'entreprendront de déshonorer les ſuites d'une vie ſi glorieuſe. Les fonctions les plus importantes de la juſtice ſont celles qu'il remplira avec le plus d'empreſſement : il ſuivra avec peine l'uſage établi dans les autres ; & conſervant juſqu'à la fin de ſa vie cette timide & louable pudeur qui ſemble le partage de la premiere jeuneſſe, il croira avoir perdu ſon travail dès le moment qu'il en aura reçu quelque récompenſe.

C'eſt ainſi que la grandeur d'ame rend le magiſtrat également ſupérieur aux travaux, aux dangers, aux ennemis de ſon état.

Mais qui ſont ceux qui oſent aujourd'hui aſpirer à la poſſeſſion d'une ſi haute qualité ? Ne craignons point de le dire encore une fois : on la regarde comme une vaine ſpéculation, comme le modele d'une perfection imaginaire ; & peut-être que, dans le tems même que nous parlons, une partie de ceux qui nous écoutent nous reprochent en ſecret de tomber dans l'excès de ces peintres audacieux qui, voulant ſurpaſſer la nature, au lieu de l'imiter, attrapent le grand, mais perdent le vraiſemblable.

S'il nous reſte encore un ſouvenir, confus de la grandeur, c'eſt une lueur trompeuſe qui ne ſert qu'à nous égarer. Nous ne meſurons l'étendue de notre ame que par celle de nos deſirs : & telle eſt la corruption de nos mœurs, que l'ambition même nous paroît une vertu.

Combien voyons-nous de magiſtrats ſe flatter de devenir grands en briguant avec avidité le frivole, le dangereux honneur de vivre avec les grands ! Pour parvenir à cette fauſſe grandeur, ils arrachent les bornes que la ſageſſe de nos peres avoit établies ; ils confondent les limites de deux profeſſions dont les mœurs ſont abſolument incompatibles. Et que peuvent-ils mettre de leur part dans ce commerce inégal, où ils se flattent de voir réjaillir sur une portion de cet éclat qui environne les grands? Quel est le prix auquel ils achetent une illustre & pesante amitié?

Ne disons point ici qu'il est à craindre que, prodigues de leur dignité, ils ne s'accoutument insensiblement à n'être pas plus avares de leur devoir, & qu'ils ne chargent quelquefois la justice de les acquitter de cette espece de dette qu'ils contractent envers les grands.

Ne peignons point les hommes plus foibles ou plus corrompus qu'ils ne sont; & craignons de dire ce que nous rougirions même de penser. Disons seulement que l'on sacrifie toujours une partie de cette constante & intrépide liberté, qui est le plus ferme appui de la grandeur du magistrat. Il devient dépendant de ceux que l'état de leurs affaires met presque toujours dans sa dépendance. S'il se sent assez fort pour résister au crédit & à l'amitié réunis contre lui, pourra-t-il s'assurer d'être toujours assez heureux pour échapper aux artifices secrets de cette prévention presque imperceptible qui se cache au fond de notre cœur, & qui aveugle notre esprit avant même qu'il ait eu le loisir de penser à s'en défendre? Enfin, quand il espéreroit de n'être pas moins au-dessus de la prévention, que de la foiblesse, pourquoi s'exposer à des combats dont le péril est certain, dont le succès est douteux, & où la victoire même, toujours fatale au vainqueur, fait souvent succéder à une amitié feinte une haine véritable, & à une protection passagere une vengeance immortelle?

D'autres esprits, encore plus foibles que les premiers, cherchent une élévation imaginaire dans le spectacle qu'ils donnent au public de leur somptueuse magnificence: toute leur vie n'est qu'une longue représentation, dans laquelle on admire en public l'éclat de leur grandeur fastueuse, mais on déplore en secret la vanité de leur superbe foiblesse.

La véritable grandeur gémit de cette pompe qui ne sert qu'à la déguiser; & craignant d'être confondue avec les vices qui accompagnent presque toujours le faste & le luxe, elle s'échappe du sein de l'abondance, pour se retirer dans le vertueux séjour de la médiocrité.

C'est là qu'elle se plaît à former de ses propres mains un cœur vraiment digne d'elle.

Elle ne se contente pas d'avoir donné au magistrat ce fond de grandeur intérieure qui n'est parfaitement connu que de Dieu seul; elle répand sur tout son extérieur quelques rayons éclatans de cette vive lumiere qu'il renferme au-dedans de lui-même.

La simplicité de son cœur, l'égalité de son ame, l'uniformité de sa vie, sont des vertus que sa modestie ne sauroit cacher. Une douce & majestueuse tranquillité, une autorité visible & reconnoissable l'accompagnent toujours; sa propre grandeur le trahit, & le livre malgré lui aux louanges qu'il méprise.

Au-dessus de l'admiration des hommes, il n'exige pas même leur reconnoissance. Heureux s'il peut leur cacher le bien qu'il leur fait, & être l'auteur inconnu de la félicité publique ?

Supérieur à tous les événemens, il ſemble que, les ayant tous prévus, il les ait tous également mépriſés. Jamais la colere n'a troublé la ſérénité de ſon viſage : jamais l'orgueil n'y a imprimé ſa fierté: jamais l'abattement n'y a peint ſa foibleſſe.

Enfin, toujours grand ſans faſte, ſans oſtentation, ſouvent même ſans le ſavoir, le dernier caractere de ſa grandeur eſt de l'ignorer.

Il eſt regardé comme le dernier terme de la ſageſſe humaine. Les peres le montrent à leurs enfans comme le plus parfait modele qu'ils puiſſent jamais imiter : ſi l'on demande un homme de bien, tous les citoyens ſe hâteront à l'envi de le nommer.

On ne pourra plus peindre la vertu, ſans paroître avoir voulu faire ſon portrait. Le poëte proteſte inutilement qu'il n'a penſé qu'à tracer en général le caractere d'un homme de bien ; tout le monde ſe récrie qu'il a voulu peindre Ariſtides : & quittant la fiction pour la vérité, il oublie le héros fabuleux que le théâtre lui offre,

offre, pour admirer un plus grand ſpectacle que la vertu d'un ſimple particulier lui préſente.

Tels ſont les fruits précieux de cette grandeur d'ame qui eſt propre au magiſtrat. C'eſt par elle que ce ſage Athénien mérita autrefois le titre glorieux d'homme juſte ; & c'eſt elle que nous propoſons aujourd'hui pour modele à ceux qui ſont tous appellés par le bonheur de leur état à porter ce grand nom. Heureux, ſi nous pouvons ne perdre jamais de vue une ſi rare vertu dans le cours de nos occupations; & ſi nous méritons de parler de la grandeur d'ame, en nous exerçant à le pratiquer !

CINQUIEME DISCOURS.

ÉLOGE

DE MONSIEUR DE LA BRIFFE, PROCUREUR-GÉNÉRAL.

Mercuriale de 1700.

SOUFFREZ que nous ſuſpendions durant quelques momens les ſéveres fonctions de la cenſure publique, pour n'enviſager d'abord que la perte qu'elle vient de faire.

La voix qui devoit ſe faire entendre aujourd'hui, s'eſt éteinte avant le tems par une mort précipitée: & la cenſure, preſque réduite au ſilence, ſemble ne devoir être occupée qu'à regretter la mort du cenſeur.

Compagnons de ſa dignité & coadjuteurs de ſes travaux, nous avons vu, nous avons connu de plus près, dans ce ſage magiſtrat, ce fonds de droiture & de probité qui paroiſſoit tellement né avec lui, qu'on eût dit qu'il étoit vertueux non-ſeulement par choix, mais par une heureuse nécessité; ces inclinations bienfaisantes qui tempéroient la rigueur de son ministere, ce caractere de candeur & de sincérité que la nature avoit gravé sur son front comme une vive image de celle de son ame; cette douceur & cette affabilité qui rassuroit les foibles, qui consoloit les malheureux, qui guérissoit les plaies que sa justice avoit faites, & qui donnoit des graces jusques à ses refus; enfin cette religion si pure & si sincere qui s'est toujours également soutenue dans une longue suite de dignités, & qui, l'ayant accompagné depuis sa plus tendre jeunesse jusqu'au dernier moment de sa vie, a fait respecter en lui le chrétien encore plus que le magistrat.

Tristes & inutiles honneurs que nous rendons à sa mémoire! Cherchons dans l'accomplissement de nos devoirs la seule consolation qui convienne à la sévérité de notre ministere; & souvenons-nous que si les censeurs sont mortels, la censure doit être immortelle.

Avouons-le néanmoins, & disons, à la gloire de la magistrature, que jamais la justice n'a eu la satisfaction de voir dans ses ministres tant de droiture & tant d'intégrité. Des mains pures & innocentes offrent un culte agréable à ses yeux. La probité est devenue si commune, qu'elle n'est plus regardée comme une distinction. On rougiroit de n'être point vertueux ; on ne se glorifie point de l'être : & le vice, non-seulement condamné, mais inconnu dans cette auguste compagnie, est réduit à se cacher dans des tribunaux obscurs, éloignés de la lumiere du sénat.

Mais que sert à la gloire du magistrat cette innocence dont il se flatte, si la vertu renfermée au-dedans de lui-même ne jette aucun éclat au-dehors ; & si pendant qu'il révere la sainteté de la justice, il ne craint point d'avilir la dignité du magistrat ?

C'est à cette dignité que la vertu même doit une partie de sa gloire. Par elle, la justice cesse d'être invisible ; elle se rend sensible, elle se communique aux yeux des mortels ; & si elle reçoit leurs hommages, c'est la dignité seule qui lui concilie cette espece d'adoration. Le public, accoutumé à juger sur les apparences, croit qu'il n'y a point de vertu solide, où il ne voit pas de véritable dignité. Et qui sait en effet combien le magistrat conservera encore cette sévérité intérieure dans laquelle il met toute sa confiance ? Il porte déjà l'extérieur du relâchement ; il livre à son ennemi les dehors de son ame, & peut être il le recevra bientôt dans le fond de son cœur.

Ainsi périt tous les jours la gloire du magistrat ; ainsi s'efface l'éclat de cette dignité, dont le dépôt sacré est remis entre ses mains pour donner du crédit aux loix & du poids à la justice.

En vain ceux qui ont vu l'ancienne gloire du sénat veulent chercher dans nos moeurs les traces de notre premiere dignité. A peine en conserve-t-on une image légere dans les fonctions publiques de la magistrature ; & cette image même, toute foible qu'elle est, ne se trouve plus dans la vie privée du magistrat.

Ennuyé des plaisirs passés, ou impatient d'en goûter de nouveaux, fatigué de sa propre paresse & chargé du poids de son inutilité, on voit un jeune magiſtrat monter négligemment ſur le tribunal. Il y traîne avec tant de dégoût les marques extérieures de ſa dignité, qu'on diroit que, comme un captif, il gémit du lien auquel il ſe voit attaché.

Livré aux caprices de ſes penſées & à l'inquiétude d'une imagination vagabonde, il ne ſe contente pas d'errer dans le vaſte pays de ſes diſtractions, il veut avoir des compagnons de ſes égaremens; & plaçant une converſation indécente dans le ſilence majeſtueux d'une audience publique, il trouble l'attention des autres juges, & déconcerte ſouvent la timide éloquence des orateurs: ou, s'il fait quelqu'effort pour les écouter, bientôt l'ennui ſuccede à la diſſipation; & le chagrin qui eſt peint ſur ſon viſage fait trembler la partie, & glace ſon défenſeur. On le voit, inquiet, agité, prévenir les ſuffrages des autres juges par des ſignes indiſcrets, & accuſer en eux une lenteur ſalutaire qu'il devroit imiter.

Une molle indolence pourra ſeule fixer cette agitation importune: mais quelle peut être la dignité de celui qui ne doit sa tranquillité apparente qu'à une langueur véritable ?

Il semble que le tribunal soit pour lui un lieu de repos, où il attend entre les bras du sommeil l'heure de ses affaires ou celle de ses plaisirs. C'est ainsi que l'arbitre de la vie & de la fortune des hommes se prépare à porter un jugement irrévocable. La justice, il est vrai, conservera toujours ses droits, nous le présumons ainsi de la sagesse de ses ministres : un moment d'attention réparera une longue négligence ; il sortira du trône de la justice un de ces rayons lumineux qui percent les plus profondes ténebres, & qui, dissipant les vapeurs du sommeil, éclairent le juge le moins attentif dans le point fatal de la décision. Mais la dignité du magistrat sera blessée, quand même la justice ne le seroit pas ; & le témoignage de sa conscience ne sauroit le mettre à couvert de la maligne censure du public qui voit son indolence, & qui ne peut être témoin de l'heureuse certitude de son jugement.

Mais ne nous arrêtons pas plus longtems à l'envisager dans l'éclat & dans le grand jour de l'audience. Pleins de cette généreuse liberté qu'inspire l'amour du bien public, osons lever ce voile respectable qui sépare le sanctuaire du reste du temple, & qui le cache aux profanes.

Que nous serions heureux, si, saisis d'une sainte frayeur en entrant dans ce sanctuaire vénérable, étonnés de la majesté des sénateurs qui l'habitent, nous pouvions imiter cet ancien philosophe qui se récria à la vue du sénat romain, qu'il avoit vu une assemblée, une multitude de rois!

Nous savons qu'il en est encore qui pourroient attirer les regards de Cinéas, & le remplir de l'admiration de leur dignité. Malgré la décadence extérieure dont nous nous plaignons, nous avons la consolation de voir dans ce sénat des magistrats dignes d'être choisis par Caton pour entrer dans le sénat de l'ancienne Rome, des sénateurs qui gémissent avec nous des malheurs de la magistrature, mais qui ne se contentent pas de pleurer vainement sur les ruines du sanctuaire, qui s'appliquent à les réparer, & dont la vie honorable à la magistrature, prêt cieuse à la justice, est la censure de leur siecle, l'instruction des siecles à venir.

Mais elle diminue tous les jours, cette troupe choisie qui renferme dans son sein nos dernieres espérances. La justice voit croître sous ses yeux un peuple nouveau, ennemi de l'ancienne discipline, & de cette contrainte salutaire qui conservoit autrefois la dignité du magistrat.

Les jeunes sénateurs commencent à mépriser les anciens. Les inférieurs se révoltent contre les supérieurs; chaque membre veut être le chef; chaque magistrat s'érige un tribunal séparé, qui ne releve que de ce qu'il appelle sa raison. L'esprit divise les hommes, au lieu de les réunir. La diversité des opinions allume dans le sein de la justice une espece de guerre civile, qui remplit les juges d'aigreur, & les jugemens de confusion. A peine la voix de la vérité peut-elle se faire entendre dans le tumulte du combat. Et quel spectacle pour les parties! quelle idée peuvent-elles concevoir de la magistrature, lorsqu'elles voient que la discorde regne dans l'empire de la justice, & que les juges ne peuvent conserver entr'eux cette paix qu'ils sont chargés de donner aux autres hommes !

Puisse la dignité de la magistrature se soutenir sur le penchant, & s'arrêter sur le bord du précipice ! Puissions-nous même ne trouver aucune créance dans les esprits, & mériter qu'on nous reproche l'amertume de notre censure ! Mais qui peut assurer, si la licence de quelques jeunes magistrats continue à croître sans mesure, que les yeux de la justice ne soient pas blessés par des emportemens encore plus indécents que ceux que l'opposition des sentimens a fait naître ? Déjà de tristes préludes ont semblé nous annoncer ce malheur. Hâtons-nous de tirer le rideau sur un spectacle si humiliant. A quoi serviroient ici nos paroles ? On entend jusqu'à notre silence.

Mais si la discorde dégrade honteusement le magistrat, & triomphe publiquement de sa gloire, il y a d'autres passions plus délicates & souvent plus dangereuses, qui effacent en secret jusqu'aux moindres traits de sa dignité.

Tel est le caractere de la plupart des hommes, qu'incapables de modération, un excès est presque toujours pour eux suivi d'un excès contraire. Les premiers feux d'une jeunesse impétueuse n'inspirent au magistrat que du dégoût pour les affaires : il rougit de son état, & met une partie de sa gloire à mépriser sa dignité.

Attendons quelques années, & nous verrons peut-être ce magistrat autrefois si dédaigneux, devenu un homme nouveau, avoir pour les affaires une avidité dont il feroit lui-même surpris, s'il conservoit encore le souvenir de ses premieres inclinations. Attentif à les prévoir avant qu'elles soient formées, annonçant leur naissance, se réjouissant de leurs progrès, heureux quand il les voit arriver au point de maturité dans lequel il se flatte de s'en rassasier, assidu courtisan de ceux qu'il considere comme les distributeurs de sa fortune, jaloux de ceux qu'il croit plus accablés de travail que lui, il regarde avec un œil d'envie l'utile douceur de leurs fatigues : content s'il pouvoit seul porter tout le poids qu'il partage à regret avec les compagnons de sa dignité.

A peine peut-on l'arracher de ce séjour autrefois si craint & maintenant si chéri. L'amour du plaisir l'en éloignoit dans un tems, l'intérêt l'y ramene dans un autre. Il faisoit injure à ses fonctions lorsqu'il les dédaignoit, il ne les déshonore pas moins lorsqu'il les recherche ; & la justice, qui condamnoit autrefois sa paresse, rougit à présent de son avidité.

Et que peut-on penser lorsqu'on le voit indifférent pour les fonctions honorables de la magistrature, en remplir les devoirs utiles avec une exacte mais servile régularité ; si ce n'est que, comme un vil mercenaire, il mesure son travail à la récompense qu'il en reçoit? Créancier importun de la république, il ignore la douceur de cette gloire si pure que l'homme de bien trouve à pouvoir compter la patrie au nombre de ses débiteurs. Il sent que chaque jour, chaque heure, chaque moment lui apporte le salaire de ses peines : malheurenx de se croire ainsi payé de ses travaux, & véritablement digne de n'en recevoir jamais qu'une si basse récompense !

Où trouverons-nous donc la dignité du magiſtrat ? L'extérieur du tribunal, l'intérieur du ſénat, tout ſemble nous menacer de ſa perte : & comment pourroit-elle ſe conſerver hors du temple, ſi dans le temple même & à la face de ſes autels elle n'a pu ſe ſoutenir ?

Auſſi ne devons-nous preſque plus la chercher dans la vie privée du magiſtrat.

Toutes les paſſions qui ont conſpiré contre ſa grandeur, l'attendent à la porte du temple, pour partager entre elles le malheureux emploi de profaner ſa dignité.

A peine en ſera-t-il ſorti, que ſéduit par les conſeils imprudens d'une aveugle jeuneſſe, il ne connoîtra peut-être plus d'autre école que le théâtre, d'autre morale que les maximes frivoles d'un poëme inſipide, d'autre étude que celle d'une muſique efféminée, d'autre occupation que le jeu, d'autre bonheur que la volupté. Ou, s'il eſt aſſez heureux pour conſerver encore, malgré la licence qui l'environne, cette premiere fleur de dignité qui ſe flétrit ſi aiſément au milieu des plaiſirs, il la ſacrifiera bientôt à l'intérêt ;

& par un malheur qui n'est que trop commun dans la magistrature, il perdra peut-être dans ses affaires particulieres cette réputation de droiture & d'équité qu'il avoit acquise dans les fonctions publiques.

Telle est la peine fatale des magistrats qui vont demander aux autres juges une justice qu'ils devoient se rendre à eux-mêmes. Il semble souvent qu'ils aient déposé sur le tribunal, non seulement leur dignité, mais leur vertu, lorsqu'ils en descendent pour se rabaisser au rang des parties.

Tantôt foibles & timides cliens, on les voit trembler, gémir, supplier auprès de leurs égaux; oublier qu'eux mêmes accordent tous les jours la justice, non aux prieres, mais aux raisons des parties; ne point rougir d'emprunter la voix d'une sollicitation étrangere; & par-là faire dire, à la honte de la magistrature, qu'un secours qui paroît nécessaire aux magistrats mêmes ne peut pas être inutile auprès d'eux.

Tantôt fiers & impérieux, & souvent plus injustes que le plaideur le moins instruit des regles de la justice, ils consacrent jusqu'à leur caprice, & érigent toutes leurs pensées en oracles. Les plus vaines subtilités reçoivent bientôt entre leurs mains le caractere de l'infaillibilité. Il n'est plus pour eux de regles certaines & inviolables : ils rappellent, comme parties, dans l'empire de la justice, les maximes qu'ils en avoient proscrites comme juges. On les voit se perdre & s'égarer volontairement dans les chemins tortueux d'une procédure artificieuse, marcher avec confiance dans des voies obliques qu'ils ont tant de fois condamnées dans les autres plaideurs; & ne montrer qu'ils sont juges, que parce qu'ils possédent mieux la science si commune en nos jours, d'éluder la justice & de surprendre la loi.

Et que sera-ce encore si l'intérêt, après avoir soumis à ses loix la vie privée du magistrat, veut l'introduire dans les voies difficiles de l'ambition & l'initier dans les mysteres de la fortune ?

C'est alors qu'insensible à la gloire de sa profession, il commencera, pour son malheur, à distinguer sa propre grandeur de celle de la magistrature,

Peu content de s'élever avec les compagnons de sa dignité, il n'aspirera qu'à s'élever au-dessus d'eux : leur foiblesse pourra même flatter sa vanité, & leur bassesse fera sa grandeur. Il verra avec indifférence, & peut-être avec joie, la magistrature humiliée, pourvu que sur les ruines de son état il puisse bâtir le superbe édifice de sa fortune. Mais, dédaignant la grandeur que la justice lui donne, il méritera de ne pas obtenir celle que la fortune lui promet ; & peut-être il aura la disgrace, après avoir dégradé sa dignité, d'avilir encore plus sa personne.

Enfin le dégoût sera son supplice & le dernier de ses malheurs. Il lui persuadera qu'il n'est plus pour le magistrat de véritable dignité ; que nous courons inutilement apres une ombre qui nous fuit ; que c'est un fantôme que la simplicité de nos peres a adoré, mais dont un goût plus solide & plus éclairé a connu le néant & la fatigante vanité.

Ainsi parle le dégoût, & la paresse le croît : mais à Dieu ne ne plaise que nous portions jamais un si triste jugement contre notre condition !

Nous ſavons qu'il y a une dignité qui ne dépend point de nous parce qu'elle eſt en quelque maniere hors de nous-mêmes. Attachée dans le jugement du peuple à la puiſſance extérieure du magiſtrat, avec elle on la voit croître, avec elle on la voit diminuer; le haſard nous la donne, & le haſard nous l'enleve. Comme elle ne s'accorde pas toujours au mérite, on peut l'acquérir ſans honneur, on peut la perdre ſans honte: & reprocher au magiſtrat de ne pas conſerver cette eſpece de dignité, ce ſeroit ſouvent lui imputer l'injuſtice du ſort, & le crime de la fortune.

Mais il eſt une autre dignité qui ſurvit à la premiere, qui ne connoît ni la loi des tems, ni celle des conjonctures; qui, bien loin d'être attachée en eſclave au char de la fortune, triomphe de la fortune même. Elle eſt tellement propre, tellement inhérente à la perſonne du magiſtrat, que, comme lui ſeul peut ſe la donner, lui ſeul auſſi peut la perdre. Jamais il ne la doit à ſon bonheur, jamais ſon malheur ne la lui ravit. Plus reſpectable ſouvent dans les tems de diſgrace que dans les jours de prospérité, elle consacre la mauvaise fortune ; elle sort plus lumineuse du sein de l'obscurité dans laquelle on s'efforce de l'ensevelir ; & jamais elle ne paroît plus sainte & plus vénérable, que lorsque le magistrat dépouillé de tous les ornemens étrangers, renfermé en lui-même, & recueillant toutes ses forces, ne brille que de sa lumiere, & jouit de sa seule vertu.

Vivre convenablement à son état ; ne point sortir du caractere honorable dont la justice a revêtu la personne du magistrat ; conserver les anciennes mœurs, respecter les exemples de ses peres ; & adorer, si l'on peut parler ainsi, jusqu'aux vestiges de leurs pas ; ne chercher à se distinguer des autres magistrats que par ce qui distingue le magistrat des autres hommes ; former son intérieur sur les conseils de la sagesse, & son extérieur sur les regles de la bienséance ; faire marcher devant soi la pudeur & la modestie ; respecter le jugement des hommes, & se respecter encore plus soi même ; enfin mettre une telle convenance & une proportion si juste entre toutes les parties de sa vie, qu'elle ne soit que comme un concert de vertu & de dignité, & comme une heureuse harmonie dans laquelle on ne remarque jamais la moindre dissonance, & dont les tons, quoique différens, tendent tous à l'unité; voilà la route qui dans tous les tems nous sera toujours ouverte pour arriver à la véritable dignité. On est toujours assez élevé, quand on l'est autant que son état. Les fonctions de la magistrature peuvent diminuer, mais la solide grandeur du vertueux magistrat ne diminuera jamais.

Fidele observateur de ses devoirs, & timide dépositaire de sa dignité, il ne la confie qu'au secret de la retraite & au silence de la solitude.

Il sait que l'on méprise souvent de près ceux qu'on avoit révérés dans l'éloignement; que le magistrat doit paroître étranger dans le pays de la fortune; qu'il lui est glorieux d'en ignorer les loix, & souvent jusqu'à la langue même; que c'est une terre qui dévore ses habitans, & sur-tout ceux qui la préferent au repos de leur patrie; que le magistrat y devient odieux, s'il en condamne les mœurs, méprisable s'il les approuve, coupable s'il les imite ; & que le seul parti qui lui reste, est de les censurer par sa retraite, & de les combattre en les fuyant.

On ne le verra donc point, frivole adorateur de la fortune, aller avec tant d'autres magistrats brûler un encens inutile sur ses autels. Si la fortune peut se résoudre à se servir d'un homme de bien, il faudra qu'elle l'aille chercher dans l'obscurité de sa retraite. Mais à quelque degré d'élévation qu'elle le fasse parvenir, elle ne pourra jamais lui faire perdre l'ancienne gravité de ses mœurs, & cette austérité rigoureuse, qui sont comme les gardes fideles de sa dignité.

Disons-le hardiment : comme il n'y a qu'une vie dure & sévere qui assure parfaitement l'innocence du magistrat, elle seule peut aussi conserver l'éclat pur & naturel de sa simple majesté.

C'est dans le séjour laborieux de l'austere vertu, que les enfans reçoivent de leurs peres bien moins les dignités, que les mœurs patriciennes.

Là se conservent encore, dans le déclin de notre gloire & au milieu de ce siecle de fer, les restes précieux de l'âge d'or de la magistrature.

Là, tous les objets qui frappent les yeux, inspirent l'amour du travail & l'horreur de l'oisiveté.

Là regne une vertueuse frugalité, image des anciens sénateurs, une modération féconde qui s'enrichit de tout ce qu'elle ne desire point, & qui trouve dans le simple retranchement du superflu la source innocente de son abondance.

Loin de cette demeure, l'excès d'une magnificence inconnue à nos peres, & dont nous rougirions nous-mêmes si les mœurs n'avoient prescrit contre la raison. Le séjour du sage magistrat n'est orné que de sa seule modestie. Si le prince veut renfermer le luxe dans des bornes légitimes, sa maison pourra servir de modele à la sévérité des édits, & l'exemple d'un particulier méritera de devenir une loi de la république.

Accoutumé à porter de bonne heure le joug de la vertu, élevé dès son enfance dans les mœurs rigides de ses ancêtres, le magistrat comprend bientôt que la simplicité doit être non-seulement la compagnie inséparable, mais l'ame de sa dignité; que toute grandeur qui n'eſt point ſimple, n'eſt qu'un perſonnage de théâtre, &, ſi l'on peut s'exprimer ainſi, qu'un maſque emprunté, qui tombe bientôt pour laiſſer voir à découvert la vanité de celui qui le portoit; que quiconque affecte de jouir de ſa dignité, l'a déjà perdue; & que telle eſt la nature de ce bien, qu'il fuit ceux qui le cherchent avec art, pour s'offrir à ceux qui, marchant dans la ſimplicité de leur cœur, ſans faſte, ſans oſtentation, ne travaillent qu'à être vertueux, ſans penſer à le paroître.

Une égalité parfaite, une heureuſe uniformité ſera le fruit de la ſimplicité dont il fait profeſſion, & le dernier caractere de ſa grandeur. Chaque jour ajoute un nouvel éclat à ſa dignité : on la voit croître avec ſes années : elle l'a fait eſtimer dans ſa jeuneſſe, reſpecter dans un âge plus avancé; elle le rend vénérable dans ſa vieilleſſe.

Mais ce n'eſt ni le nombre de ſes années, ni les rides que l'âge a gravées ſur ſon front, qui lui attirent cette eſpece de culte qu'on rend à ſa gravité. Le ſouvenir de ſes longs travaux, l'image toujours récente de ſes grands ſervices, l'idée de cette dignité toujours ſoutenue avec une conſtance invariable pendant tout le cours de ſa vie, l'environnent toujours, & lui concilient cette autorité qui eſt le dernier préſent & comme la ſuprême faveur de la vertu.

Telle eſt la douce récompenſe qu'elle prépare aux travaux d'une partie des magiſtrats qui nous écoutent. C'eſt ſur le modele de leur conduite que nos foibles mains ont eſſayé de former le véritable caractere de la dignité du magiſtrat.

Puiſſions-nous ſuivre de ſi grands exemples dans la place à laquelle la bonté du Roi nous appelle, & retracer dans nos actions les vertus que nous venons de peindre par nos paroles !

Pénétré d'une juſte reconnoiſſance des graces dont le Roi vient de m'honorer, avec quelle effuſion de cœur ne devrois-je pas lui offrir ici un encens qui ne peut jamais être rejetté lorſqu'il eſt offert par les mains de la gratitude ! Mais ne dois je pas craindre que ſa bonté n'ait ſurpris en cette occaſion l'infaillible certitude de ſon jugement, & que le choix qu'il a fait d'un ſujet ſi médiocre n'ait plus beſoin d'apologie que d'éloge ? Retenon donc nos paroles : un ſilence reſ pectueux peut ſeul exprimer & l grandeur du bienfait & l'impuiſſanc de le reconnoître. Ou ſi quelque choi excite aujourd'hui nos louanges, qu ce ſoit celui qui nous donne pou ſucceſſeur un magiſtrat plus digne de nous précéder, que de nous ſuivre. Et vous, Meſſieurs, qui avez raſſuré les timides démarches de notre premiere jeuneſſe, vous qui nous avez toujours animés par votre préſence, inſtruits par vos exemples, éclairés par vos oracles, achevez votre ouvrage, & ſoutenez avec moi un fardeau que ſans vous je n'aurois jamais porté.

Le public, témoin depuis dix ans de votre indulgence pour moi, le ſera éternellement de ma reconnoiſſance pour vous, & de mon zele pour la dignité d'une compagnie où j'ai preſque eu le bonheur de naître, & où la bonté du Roi m'aſſure par ſes bienfaits l'honneur de paſſer avec nous tous les jours d'une vie dont je ne ſouhaite la durée que pour la conſacrer plus long-tems à votre gloire.

SIXIEME

SIXIEME DISCOURS.

L'AMOUR DE SON ÉTAT.

Mercuriale de 1703.

LE plus précieux & le plus rare de tous les biens est l'amour de son état. Il n'y a rien que l'homme connoisse moins que le bonheur de sa condition. Heureux s'il croit l'être, & malheureux souvent parce qu'il veut être trop heureux, il n'envisage jamais son état dans son véritable point de vue.

Le desir lui présente de loin l'image trompeuse d'une parfaite félicité ; l'espérance, séduite par ce portrait ingénieux, embrasse avidement un fantôme qui lui plaît. Par une espece de passion anticipée, l'ame jouit du bien qu'elle n'a pas ; mais elle le perdra aussitôt qu'elle aura commencé de le posséder véritablement, & le dégoût abattra l'idole que le desir avoit élevée.

L'homme est toujours également

malheureux, & par ce qu'il desire, & par ce qu'il possede. Jaloux de la fortune des autres dans le tems qu'il est l'objet de leur jalousie, toujours envié & toujours envieux; s'il fait des vœux pour changer d'état, le ciel irrité ne les exauce souvent que pour le punir. Transporté loin de lui par ses desirs, & vieux dans sa jeunesse, il méprise le présent; & courant après l'avenir, il veut toujours vivre, & ne vit jamais.

Tel est le caractere dominant des mœurs de notre siecle: une inquiétude généralement répandue dans toutes les professions, une agitation que rien ne peut fixer, ennemie du repos, incapable du travail, portant par-tout le poids d'une inquiétude & ambitieuse oisiveté; un soulévement universel de tous les hommes contre leur condition, une espece de conspiration générale dans laquelle ils semblent être tous convenus de sortir de leur caractere; toutes les professions confondues, les dignités avilies, les bienséances violées; la plupart des hommes hors de place, méprisant leur état & le rendant méprisable. Toujours occupés de ce qu'ils seront, pleins de vastes projets, le seul qui leur échappe est celui de vivre contents de leur état.

Que nous serions heureux, si nous pouvions nous oublier nous-mêmes dans cette peinture !

Mais oserons-nous l'avouer publiquement ? Et dans ce jour que la sagesse de nos peres a consacré à une triste & austere vérité, nous sera-t-il permis de parler le langage de notre ministere, plutôt que celui de notre âge ? Et ne craindrons-nous pas de vous dire que la justice gémit du mépris que les juges ont conçu pour leur profession, & que la plaie la plus sensible qui ait été faite à la magistrature, elle l'a reçue de la main même du magistrat ?

Tantôt la légéreté l'empêche de s'attacher à son état, tantôt le plaisir l'en dégoûte ; souvent il le craint par mollesse, & presque toujours il le méprise par ambition. Après une éducation toujours trop lente au gré d'un pere aveuglé par sa tendresse ou séduit par la vanité, mais toujours trop courte pour le bien de la justice, l'âge plutôt que le mérite, & la fin des études beaucoup plus que leur succès, ouvrent à une jeunesse impatiente l'entrée de la magistrature : souvent même, prévenant les momens de maturité si sagement marqués par les loix, ils deviennent juges plusieurs années avant que d'être hommes. Le mouvement soudain d'une secrete inquiétude, ou l'impression fortuite d'un objet extérieur, sont les seuls principes de leur conduite. Leur esprit est un feu qui se détruit par sa propre activité, & qui, ne pouvant se renfermer dans sa sphere, se dissipe en cherchant à se répandre, & s'évapore en voulant s'élever. Toujours oisifs sans être jamais en repos, toujours agissans sans être véritablement occupés, l'agitation continuelle que l'on remarque en eux jusques dans les tranquilles fonctions de la justice, est une vive peinture du trouble & de la légéreté de leur ame.

S'ils ne dédaignent pas encore de remplir les devoirs de la magistrature, ils les placent dans le court intervalle qui sépare leurs plaisirs ; & dès le moment que l'heure des divertissemens s'approche, on voit un magistrat sortir avec empreſſement du ſanctuaire de la juſtice pour aller s'aſſeoir ſur un théâtre. La partie qui retrouve dans un ſpectacle celui qu'elle avoit reſpecté dans ſon tribunal, le méconnoît ou le mépriſe ; & le public qui le voit dans ces deux états, ne ſait dans lequel des deux il déshonore plus la juſtice.

Retenu par un reſte de pudeur dans un état qu'il n'oſe quitter ouvertement, s'il ne peut ceſſer d'être magiſtrat, il veut au moins ceſſer de le paroître. Honteux de ce qui devroit faire toute ſa gloire, il rougit d'une profeſſion qui peut-être a rougi de le recevoir ; il ne peut ſouffrir qu'on lui parle de ſon état ; & ne craignant rien tant que de paſſer pour ce qu'il eſt, le nom même de juge eſt une injure pour lui. On reconnoît dans ſes mœurs toutes ſortes de caracteres, excepté celui du magiſtrat. Il va chercher les vices juſques dans les autres profeſſions ; il emprunte de l'une ſa licence & ſon emportement ; l'autre lui prête ſon luxe & ſa molleſſe. Les défauts oppoſés à ſon caractere acquierent avec lui un nouveau degré de difformité. Il viole jusqu'à la bienséance du vice, si ce mot de bienséance peut jamais convenir à ce qui n'est pas la vertu. Méprisé par ceux dont il ne peut égaler la sagesse, il l'est encore plus par ceux dont il affecte de surpasser le déréglement. Transfuge de la vertu, le vice même auquel il se livre ne lui sait aucun gré de sa désertion ; & toujours étranger par-tout où il se trouve, le monde le rejette, & la magistrature le désavoue.

Heureux dans son malheur, si le ciel lui envoie d'utiles ennemis, dont la salutaire censure lui apprenne de bonne heure que si les hommes sont quelquefois assez aveugles pour excuser le vice, ils ne sont jamais assez indulgens pour pardonner le vice déplacé ; & que si le monde le plus corrompu paroît d'abord aimer les magistrats qui le cherchent, il n'estime jamais véritablement que ceux qui regardent l'obligation de le fuir, comme une partie essentielle de leur devoir.

Qu'il se hâte donc de fuir cette mer dangereuse, où sa sagesse a déja fait naufrage ; qu'il se renferme dans son état, comme dans un port favorable, pour y recueillir les débris de sa réputation : mais qu'il se souvienne toujours que c'est à la vertu seule qu'il appartient d'inspirer cette fuite généreuse.

Si l'inconstance, si l'ennui, si la satiété des plaisirs, sont les seuls guides qui conduisent le magistrat dans la retraite, il y cherche la paix, & il n'y trouve qu'un repos languissant, une molle & insipide tranquillité.

Bien loin d'avoir assez de courage pour réprimer ses passions, il n'en a pas même assez pour les suivre ; & le vice ne lui déplaît pas moins que la vertu.

S'il demeure encore dans son état, ce n'est point par un attachement libre & éclairé, c'est par une aveugle & impuissante lassitude.

La coutume & la bienséance le conduisent encore quelquefois au sénat ; mais il y paroît avec tant de négligence, qu'on diroit que la justice a fait asseoir la mollesse sur son trône. S'il fait quelques efforts pour soutenir un moment le travail de l'application, il retombe aussi-tôt de son propre poids dans le néant de ses pensées, jusqu'à ce qu'une heure favorable, & toujours trop lente pour lui, le délivre du pesant fardeau d'une fonction importune, & le rende à sa premiere oisiveté.

C'est là que, livré à son ennemi, & réduit à la fâcheuse nécessité d'habiter avec soi, il n'y trouve qu'un vuide affreux & une triste solitude; toute sa vie n'est plus qu'une longue & ennuyeuse distraction, un pénible & difficile assoupissement, dans lequel, inutile à sa patrie, insupportable à lui-même, il vieillit sans honneur & ne peut montrer la longueur de sa vie que par un grand nombre d'années stériles & de jours vainement perdus.

Si l'ambition vient le tirer de cette profonde léthargie, il paroîtra peut-être plus sage, mais il ne sera pas plus heureux.

Attentif à remplir ses devoirs, & à faire servir la vertu même à sa fortune, il pourra éblouir pour un tems les yeux de ceux qui ne jugent que sur les apparences.

Comme il ne travaille qu'à orner la superficie de son ame, il étale avec pompe tous les talens que la nature lui a donnés. Il ne cultive en lui que les qualités brillantes ; il n'amasse des trésors que pour les montrer.

L'homme de bien, au contraire, se cache pendant long-tems, pour jetter les fondemens solides d'un édifice durable : la vertu patiente, parce qu'elle doit être immortelle, se hâte lentement, & s'avance vers la gloire avec plus de sûreté, mais avec moins d'éclat. Semblable à ceux qui cherchent l'or dans les entrailles de la terre, il ne travaille jamais plus utilement, que lorsqu'on l'a perdue de vue, & qu'on le croit enseveli sous les ruines de son travail. Il cherche moins à paroître homme de bien, qu'à l'être effectivement ; souvent on ne remarque rien en lui qui le distingue des autres hommes ; il laisse échapper avec peine un foible rayon de ces vives lumieres qu'il cache au-dedans de lui-même ; peu d'esprits ont assez de pénétration pour percer ce voile de modestie dont il les couvre ; plusieurs doutent de la supériorité de son mérite, & cherchent sa réputation en le voyant.

Ne craignons pourtant pas pour

l'homme de bien; la vertu imprime sur son front un caractere auguste, que sa noble simplicité rendra toujonrs inimitable à l'ambitieux. Qu'il retrace, s'il est possible, qu'il exprime dans sa personne les autres qualités du sage magistrat; il n'approchera jamais de cette douce & profonde tranquillité qu'inspire à une ame l'amour constant de son état: la nature se réserve toujours un degré de vérité au-dessus de tous les efforts de l'art, un jour, une lumiere, que l'imitation la plus parfaite ne sauroit jamais égaler. Le tems en fait bientôt un juste discernement; & il ajoute à la réputation du vertueux magistrat ce qu'il retranche à celle du magistrat ambitieux.

L'un voit croître tous les ans sa solide grandeur; l'autre voit tomber chaque jour une partie de ce superbe édifice qu'il n'avoit bâti que sur le sable.

L'un ne doit souhaiter que d'être connu des hommes; l'autre ne craint rien tant que de se faire connoître.

Le cœur du sage magistrat est un asyle sacré que les passions respectent, que les vertus habitent, que la paix, compagne inséparable de la justice, rend heureux par sa présence. Le cœur du magistrat ambitieux est un temple profane : il y place la fortune sur l'autel de la justice; & le premier sacrifice qu'elle lui demande, est celui de son repos : heûreux, si elle veut bien ne pas exiger celui de son innocence ! Mais qu'il est à craindre que des yeux toujours ouverts à la fortune, ne se ferment quelquefois à la justice, & que l'ambition ne séduise le cœur pour aveugler l'esprit !

Qu'est devenu ce tems où le magistrat, jouissant de ses propres avantages, renfermé dans les bornes de sa profession, trouvoit en lui seul le centre de tous ses desirs, & se suffisoit pleinement à lui-même ? Il ignoroit cette multiplicité de voies entre lesquelles on voit souvent hésiter un cœur ambitieux; sa modération lui offroit une route plus simple & plus facile ; il marchoit sans peine sur la ligne indivisible de son devoir. Sa personne étoit souvent inconnue, mais son mérite ne l'étoit jamais. Content de montrer aux hommes sa réputation, lorsque la nécessité de son ministere ne l'obligeoit pas de se montrer lui-même, il aimoit mieux faire demander pourquoi on le voyoit si rarement, que de faire dire qu'on le voyoit trop souvent : & dans l'heureux état d'une vertueuse indépendance, on le regardoit comme une espece de divinité que la retraite & la solitude consacroient, qui ne paroissoit que dans un temple, & qu'on ne voyoit que pour l'adorer ; toujours nécessaire aux autres hommes sans jamais avoir besoin de leur secours, & sincérement vertueux sans attendre d'autre prix que la vertu même. Mais la fortune sembloit disputer à la vertu la gloire de le récompenser ; on donnoit tout à ceux qui ne demandoient rien ; les honneurs venoient s'offrir d'eux-mêmes au magistrat qui les méprisoit ; plus il modéroit ses désirs, plus il voyoit croître son pouvoir ; & jamais son autorité n'a été plus grande que lorsqu'il vivoit content de ne pouvoir rien pour lui-même, & de pouvoir tout pour la justice.

Mais depuis que l'ambition a persuadé au magistrat de demander aux autres hommes une grandeur qu'il ne doit attendre que de lui-même ; depuis que ceux que l'Ecriture appelle les dieux de la terre se sont répandus dans le commerce du monde, & ont paru de véritables hommes, on s'est accoutumé à voir de près sans frayeur cette majesté qui paroissoit de loin si saintement redoutable. Le public a refusé ses hommages à ceux qu'il a vus confondus avec lui dans la foule des esclaves de la fortune; & ce culte religieux qu'on rendoit au magistrat, s'est changé en un juste mépris de sa vanité.

Au lieu de s'instruire par sa chûte, & de prendre conseil de sa disgrace, il se consume souvent en regrets superflus. On l'entend déplorer l'obscurité de ses occupations, se plaindre de l'inutilité de ses services, annoncer lugubrement le déshonneur futur de sa condition, & la triste prophétie de sa décadence.

Accablé d'un fardeau qu'il ne peut ni porter ni quitter, il gémit sous le poids de la pourpre, qui le charge plutôt qu'elle ne l'honore : semblable à ces malades qui ne connoissent point d'état plus fâcheux que leur situation présente, il s'agite inutilement; & se flattant de parvenir au repos par le mouvement, bien loin de guérir ses maux imaginaires, il y ajoute un mal réel d'une accablante inquiétude. Qu'on ne lui demande point les raisons de son ennui; une partie de ses maux est d'en ignorer la cause: qu'on n'en accuse pas les peines attachées à son état; il n'en est point qui ne lui fût également pénible, dès le moment qu'il y seroit parvenu; la fortune la plus éclatante auroit toujours le défaut d'être la sienne. Le supplice de l'homme mécontent de son état, est de se fuir sans cesse, & de se trouver toujours lui-même. Si le ciel ne change son cœur, le ciel même ne sauroit le rendre heureux.

Réduit en cet état à emprunter des secours étrangers pour soutenir les foibles restes d'une dignité chancelante, le magistrat a ouvert la porte à ses plus grands ennemis. Ce luxe, ce faste, cette magnificence, qu'il avoit appellés pour être l'appui de son élévation, ont achevé de dégrader la magistrature, & de lui arracher jusqu'au souvenir de son ancienne grandeur.

L'heureuse simplicité des anciens

sénateurs, cette riche modestie qui faisoit autrefois le plus précieux ornement du magistrat, contrainte de céder à la force de la coutume & de la loi injuste d'une fausse bienséance, s'est refugiée dans quelques maisons patriciennes, qui retracent encore, au milieu de la corruption du siecle, une image fidele de la vraie frugalité de nos peres.

Si le malheur de leur tems leur avoit fait voir ce nombre prodigieux de fortunes subites sortir en un moment du fond de la terre, pour répandre dans toutes les conditions, & jusques dans le sanctuaire de la justice, l'exemple contagieux de leur luxe téméraire; s'ils avoient vu ces bâtimens superbes, ces meubles magnifiques, & tous ces ornemens ambitieux d'une vanité naissante, qui se hâte de jouir ou plutôt d'abuser d'une grandeur souvent aussi précipitée dans sa chûte que rapide dans son élévation; ils auroient dit, avec un des plus grands hommes que Rome vertueuse ait jamais produits dans le tems qu'elle ne produisoit que des héros: » Laissons aux » Tarentins leurs Dieux irrités; ne

» portons à Rome que des exemples » de modestie & de sagesse, & forçons » les plus riches nations de la terre de » rendre hommage à la pauvreté » des Romains ».

Heureux le magistrat qui, successeur de la dignité de ses peres, l'est encore plus de leur sagesse ; qui, fidele comme eux à tous ses devoirs, & attaché inviolablement à son état, est content de ce qu'il est, & ne desire que ce qu'il possede !

Persuadé que l'état le plus heureux est celui dans lequel il se trouve, il met toute sa gloire à demeurer ferme & inébranlable dans le poste que la république lui a confié : content de lui obéir, c'est pour elle qu'il combat, & non pas pour lui-même. C'est à elle à choisir la place dans laquelle elle veut recevoir ses services ; il saura toujours la remplir dignement.

Convaincu qu'il n'en est point qui ne soit glorieuse dès le moment qu'elle a pour objet le salut de la patrie, il respecte son état, & le rend respectable. Prêtre de la justice, il honore son ministere, autant qu'il en est honoré. Il semble que sa dignité croisse avec lui, & qu'il n'y ait point de places qui ſoient aſſez grandes auſſi tôt qu'il les occupe ; il les tranſmet à ſes ſucceſſeurs, plus illuſtres & plus éclatantes qu'il ne les a reçues de ceux qui l'ont précédé. Son exemple apprend aux hommes qu'on accuſe ſouvent la dignité, lorſqu'on ne devroit accuſer que la perſonne ; & que, dans quelque place que ſe trouve l'homme de bien, la vertu ne ſouffrira jamais qu'il y ſoit ſans éclat. Si ſes paroles ſont impuiſſantes, ſes actions ſont efficaces ; & ſi le ciel refuſe aux unes & aux autres le ſuccès qu'il en pouvoit attendre, il donnera toujours au genre humain le rare, l'utile, le grand exemple d'un homme content de ſon état. Le mouvement général qui le pouſſe de toutes parts, ne ſert qu'à l'affermir dans le repos, & à le rendre plus immobile dans le centre du tourbillon qui l'environne.

Toujours digne d'une fonction plus éclatante par la maniere dont il remplit la ſienne, il la mérite encore plus par la crainte qu'il a d'y parvenir. Il n'a point d'autre protecteur que le public. La voix du peuple le préſente au prince; ſouvent la faveur ne le choiſit pas, mais la vertu le nomme toujours.

Bien loin de ſe plaindre alors de l'injuſtice qu'on lui a faite, il ſe contente de ſouhaiter que la république trouve un plus grand nombre de ſujets plus capables que lui de la ſervir utilement: & dans le tems que ceux qui lui ont été préférés rougiſſent des faveurs de la fortune, il applaudit le premier à leur élévation; & il eſt le ſeul qui ne ſe croie pas digne d'une place que ſes envieux mêmes lui deſtinoient en ſecret.

Auſſi ſimple que la vérité, auſſi ſage que la loi, auſſi déſintéreſſé que la juſtice, la crainte d'une fauſſe honte n'a pas plus de pouvoir ſur lui que le deſir d'une fauſſe gloire: il ſait qu'il n'a pas été revêtu du ſacré caractere de magiſtrat pour plaire aux hommes, mais pour les ſervir, & ſouvent malgré eux-mêmes; que le zele gratuit d'un bon citoyen doit aller juſqu'à négliger pour ſa patrie le ſoin de ſa propre réputation; & qu'après avoir tout ſacrifié à ſa gloire, il doit être prêt de ſacrifier, s'il le faut, ſa gloire même à la juſtice. Incapable de vouloir s'élever aux dépens de ses confreres, il n'oublie jamais que tous les magistrats ne doivent se considérer que comme autant de rayons différens, toujours foibles, quelque lumineux qu'ils soient par eux-mêmes, lorsqu'ils se séparent les uns des autres; mais toujours éclatans, quelque foibles qu'ils soient séparément, lorsque réunis ensemble ils forment par leur concours ce grand corps de lumiere qui réjouit la justice, qui fait trembler l'iniquité, qui attire le respect & la vénération des peuples.

Les autres ne vivent que pour leurs plaisirs, pour leur fortune, pour eux-mêmes: le parfait magistrat ne vit que pour la république. Exempt des inquiétudes que donne au commun des hommes le soin de leur fortune particuliere, tout est en lui consacré à la fortune publique: ses jours, parfaitement semblables les uns aux autres, ramenent tous les ans les mêmes occupations avec les mêmes vertus; & par une heureuse uniformité, il semble que toute sa vie ne soit que comme un seul & même moment, dans lequel il se possede tout entier pour se sacrifier tout entier à sa patrie. On cherche l'homme en lui, & l'on n'y trouve que le magistrat; sa dignité le suit partout, parce que l'amour de son état ne l'abandonne jamais; & toujours le même, en public, en particulier, il exerce une perpétuelle magistrature, plus aimable, mais non pas moins puissante, quand elle est désarmée de cet appareil extérieur qui la rend formidable.

Enfin si, dans un âge avancé, la patrie lui permet de jouir d'un repos que son travail a si justement mérité, c'est l'amour même de son état qui lui inspire le dessein de le quitter : tous les jours il sent croître son ardeur, mais tous les jours il sent diminuer ses forces; il craint de survivre à lui-même, & de faire dire aux autres hommes, qu'il a trop vécu pour la justice. Sa retraite n'est pas une fuite, mais un triomphe; il sort du combat couronné des mains de la victoire : & toutes les passions, qui ont vainement essayé d'attaquer en lui l'amour de son état, vaincues & désarmées, suivent comme autant de captives le char du victorieux. Tous ceux qui ont goûté les fruits précieux de sa justice, lui donnent, par leurs regrets, la plus douce & la plus sensible de toutes les louanges; les vœux des gens de bien l'accompagnent; & la justice, qui triomphe avec lui, le remet entre les bras de la paix dans le tranquille séjour d'une innocente solitude. Et soit qu'avec ces mêmes mains qui ont tenu si long-tems la balance de la justice, il cultive en repos l'héritage de ses peres; soit qu'appliqué à former des successeurs de ses vertus, il cherche à revivre dans ses enfans, il travaille aussi utilement pour le public, que lorsqu'il exerçoit les plus importantes fonctions de la magistrature; soit qu'enfin occupé d'une mort qu'il voit sans frayeur approcher tous les jours, il ne pense plus qu'à rendre à la nature un esprit meilleur qu'il ne l'avoit reçu d'elle; plus grand encore dans l'obscurité de sa retraite, que dans l'éclat des plus hautes dignités, il finit ses jours aussi tranquillement qu'il les a commencés. On ne l'entend point, comme tant de héros, se plaindre en mourant, de l'ingratitude des hommes, & du caprice de la fortune. Si le ciel lui permettoit de vivre une ſeconde fois, il vivroit comme il a vécu; & il rend grace à la providence, bien moins de l'avoir conduit glorieuſement dans la carriere des honneurs, que de lui avoir fait le plus grand & le plus eſtimable de tous les préſents, en lui inſpirant l'amour de ſon état.

SEPTIEME DISCOURS.

LA NÉCESSITÉ DE LA SCIENCE.

Mercuriale en 1704.

Tous les hommes desirent d'avoir de l'esprit ; mais ce bien, qui est l'objet de leurs souhaits, est le présent le plus dangereux que la nature puisse faire au magistrat, si, trop sensible à cet avantage, & dédaignant le secours de la science, il est assez malheureux pour n'avoir que de l'esprit.

Tel est cependant le malheur d'un grand nombre de magistrats. Sous les yeux de la justice & au milieu de son empire, s'éleve une secte contagieuse que son esprit éblouit, & que ses lumieres aveuglent; qui est née dans le sein de la mollesse, dont le caractere est la présomption, & dont le dogme dominant est le mépris de la science & l'horreur du travail.

Le magistrat, nous l'entendons dire tous les jours, n'a besoin que d'un esprit vif & pénétrant. Le bon sens est un trésor commun à tous les hommes. Emprunter les lumieres d'autrui, c'est faire injure aux nôtres. La science ne fait souvent naître que des doutes: c'est à la raison seule qu'il appartient de décider. Que manque-t-il à celui qu'elle éclaire? C'est elle qui a inspiré les législateurs; & quiconque la possede est aussi sage que la loi même.

Ainsi parle tous les jours une ignorance présomptueuse. Et qu'est-ce que cet esprit, dont tant de jeunes magistrats se flattent vainement?

Penser peu, parler de tout, ne douter de rien; n'habiter que le dehors de son ame, & ne cultiver que la superficie de son esprit; s'exprimer heureusement, avoir un tour d'imagination agréable, une conversation légere & délicate, & savoir plaire sans se faire estimer; être né avec le talent équivoque d'une conception prompte, & se croire par-là au-dessus de la réflexion; voler d'objets en objets, sans en approfondir aucun; cueillir rapidement toutes les fleurs, & ne donner jamais aux fruits le tems de parvenir à leur maturité; c'est une

foible

foible peinture de ce qu'il a plu à notre ſiecle honorer du nom d'eſprit.

Eſprit plus brillant que ſolide, lumiere ſouvent trompeuſe & infidele, l'attention le fatigue, la raiſon le contraint, l'autorité le révolte; incapable de perſévérance dans la recherche de la vérité, elle échappe encore plus à ſon inconſtance qu'à ſa pareſſe.

Tels ſont preſque toujours ces eſprits orgueilleux par impuiſſance, & dédaigneux par foibleſſe, qui, déſeſpérant d'acquérir par leurs travaux la ſcience de leur état, cherchent à en médire.

Nous ſavons qu'il eſt une ſcience peu digne des efforts de l'eſprit humain; ou plutôt, il eſt des ſavans peu eſtimables, de qui le bon ſens paroît comme accablé ſous le poids d'une fatigante érudition. L'art qui ne doit qu'aider la nature, l'étouffe chez eux, & la rend impuiſſante. On diroit qu'en apprenant les penſées des autres, ils ſe ſoient condamnés eux-mêmes à ne plus penſer, & que la ſcience leur ait fait perdre l'uſage de leur raiſon. Chargés de richeſſes ſuperflues, ſouvent le néceſſaire leur manque; ils ſavent tout ce qu'il faut ignorer, & ils n'ignorent que ce qu'ils devroient ſavoir.

A Dieu ne plaiſe qu'une telle ſcience devienne jamais l'objet des veilles du magiſtrat ! Mais ne cherchons point auſſi à faire, des défauts de quelques ſavans, le crime de la ſcience même.

Il eſt une culture ſavante; il eſt un art ingénieux qui, loin d'étouffer la nature & de la rendre ſtérile, augmente ſes forces & lui donne une heureuſe fécondité; une doctrine judicieuſe, moins attentive à nous tracer l'hiſtoire des penſées d'autrui, qu'à nous apprendre à bien penſer; qui nous met, pour ainſi dire, dans la pleine poſſeſſion de notre raiſon, & qui ſemble nous la donner une ſeconde fois, en nous apprenant à nous en ſervir; enfin, une ſcience d'uſage & de ſociété, qui n'amaſſe que pour répandre, & qui n'acquiert que pour donner. Profonde ſans obſcurité, riche ſans confuſion, vaſte ſans incertitude, elle éclaire les intelligences, elle étend les bornes de notre eſprit, elle fixe & aſſure nos jugemens.

Notre ame enchaînée dans les liens

du corps, & comme courbée vers la terre, ne se releveroit jamais, si la science ne lui tendoit la main pour la rappeller à la sublimité de son origine.

La vérité est en même tems sa lumiere, sa perfection, son bonheur. Mais ce bien si précieux est entre les mains de la science: c'est à elle qu'il est réservé de le découvrir à nos foibles yeux. Elle dissipe le nuage des préventions; elle fait tomber le voile des préjugés; elle irrite continuellement cette soif de la vérité que nous apportons en naissant; elle forme dans notre ame l'heureuse habitude de connoître, de sentir sa présence, & de saisir le vrai comme par goût & par instinct.

En vain nous nous glorifions de la force & de la rapidité de notre génie: si la science ne le conduit, son impétuosité ne sert souvent qu'à l'emporter au-delà de la raison. La nature la plus heureuse se nuit à elle-même par sa propre fécondité: plus elle est abondante, plus elle est menacée de tomber dans une espece de luxe, qui l'épuise d'abord & la fait bientôt dégénérer, si une main savante ne retranche cette ſuperfluité dangereuſe ; & ne coupe avec art les rameaux qui conſument vainement le plus pur ſuc de la terre.

C'eſt ainſi qu'une adroite culture fait augmenter les forces de notre ame; elle l'empêche de ſe diſſiper par une agitation frivole, de s'épuiſer par une ardeur imprudente, de s'évaporer par une vaine ſubtilité. Le feu qui, diſſipé, diſperſé & répandu hors de ſa ſphere, n'avoit pas même de chaleur ſenſible, renfermé dans ſon centre & réuni comme en un point, dévore & conſume en un moment tout ce qui s'offre à ſon activité.

Par cet innocent artifice, combien a-t-on vu d'eſprits médiocres atteindre & ſouvent ſurpaſſer la hauteur des génies les plus ſublimes! Une heureuſe éducation leur a appris, dès l'enfance, à mettre à profit tous les momens de leur attention. En leur inſpirant une véritable & ſolide doctrine, elle leur a donné la méthode de l'acquérir; préſent que la ſcience ſeule peut faire, & qui eſt encore plus précieux que la ſcience même.

Avec ce rare talent, il n'eſt plus

pour eux de myſtere caché, ni de profondeur impénétrable : ils parlent, & les ténebres ſe diſſipent, le chaos ſe débrouille, & l'ordre ſuccede à la confuſion.

C'eſt par de ſemblables prodiges que l'art a la gloire de vaincre la nature, que le bonheur de l'éducation l'emporte ſur celui de la naiſſance, & que la doctrine oſe s'élever au-deſſus de l'eſprit même.

Mais c'eſt peu pour elle que de l'éclairer, elle doit encore l'étendre & l'enrichir ; & c'eſt le ſeul avantage que ſes ennemis mêmes ſont forcés de lui accorder.

Par elle, l'homme oſe franchir les bornes étroites dans leſquelles il ſemble que la nature l'ait renfermé : citoyen de toutes les républiques, habitant de tous les empires, le monde entier eſt ſa patrie. La ſcience, comme un guide auſſi fidele que rapide, le conduit de pays en pays, de royaume en royaume ; elle lui en découvre les loix, les mœurs, la religion, le gouvernement : il revient chargé des dépouilles de l'Orient & de l'Occident ; & joignant les richeſſes étrangeres à ſes propres tréſors, il ſemble que la ſcience lui ait appris à rendre toutes les nations de la terre tributaires de ſa doctrine.

Dédaignant les bornes des tems comme celles des lieux, on diroit qu'elle l'ait fait vivre long-tems avant ſa naiſſance. C'eſt l'homme de tous les ſiecles, comme de tous les pays. Tout les ſages de l'antiquité ont penſé, ont parlé, ont agi pour lui: ou plutôt il a vécu avec eux; il a entendu leurs leçons; il a été le témoin de leurs grands exemples. Plus attentif encore à exprimer leurs mœurs qu'à admirer leurs lumieres, quels aiguillons leurs paroles ne laiſſent-elles pas dans ſon eſprit! quelle ſainte jalouſie leurs actions n'allument-elles pas dans ſon cœur!

Ainſi nos peres s'animoient à la vertu. Une noble émulation les portoit à rendre à leur tout Athenes & Rome même jalouſes de leur gloire; ils vouloient ſurpaſſer les Ariſtides en juſtice, les Phocions en conſtance, les Fabrices en modération, & les Catons mêmes en vertu.

Que ſi les exemples de ſageſſe, de grandeur d'ame, de générosité, d'amour de la patrie, deviennent plus rares que jamais; c'eſt parce que la molleſſe & la vanité de notre âge ont rompu les nœuds de cette douce & utile ſociété que la ſcience forme entre les vivans & les illuſtres morts dont elle ranime les cendres pour en former le modele de notre conduite.

Où ſont aujourd'hui les magiſtrats qui travaillent à rétablir ce commerce ſi avantageux, ſi néceſſaire à l'homme de bien? Loin de chercher dans la ſcience l'agréable & l'utile, on n'y cherche pas même l'eſſentiel & le néceſſaire; il ſemble qu'on ignore qu'elle ſeule peut fixer l'incertitude de nos jugemens.

Sans elle, poſſeſſeur timide & chancelant de ſes propres ſentimens, le magiſtrat cede ſouvent l'empire de ſon ame aux premiers efforts de quiconque oſe l'uſurper: ou, s'il fait encore quelque réſiſtance, il ſe défend plus par l'uſage que par la raiſon; il décide peut-être heureuſement, mais il ne ſauroit ſe rendre compte à lui-même de ſa déciſion. Renfermé dans le cercle des jugemens dont il a été le témoin; il ne peut ſortir de ces bornes étroites sans s'exposer à faire autant de chûtes que de démarches ; & confondant les faits qu'il devroit distinguer, il substitue des exemples qu'il applique mal, à des loix qu'il ne lit jamais.

Ainsi s'égarent souvent ceux qui ne prennent que l'usage pour guide.

Non que, pour relever l'éclat de la doctrine, nous voulions imiter ici l'orgueil de quelques savans qui, par une témérité que la science même condamne, méprisent le secours de l'usage.

Nous sentons tous les jours, & nous éprouverons encore long-tems, la nécessité des leçons d'un si grand maître.

Mais ce maître aussi lent que solide, ne forme ses disciples que par un secret & insensible progrès dans une longue suite d'années ; & malheur au magistrat qui ne craint point de hasarder les prémices de sa magistrature, & de livrer à l'ignorance les plus beaux jours de sa vie, dans l'attente d'un usage qui est le fruit tardif d'une vieillesse éloignée, à laquelle il n'arrivera peut-être jamais !

La science nous donne en peu de

tems l'expérience de plusieurs siecles. Sage sans attendre le cours des années, & vieux dans sa jeunesse, le magistrat reçoit de ses mains cette succession de lumieres, cette tradition de bon sens, à laquelle le caractere de certitude, &, si on l'ose dire, de l'infaillibilité humaine, semble être attaché. Ce n'est plus l'esprit d'un seul homme, toujours borné quelque grand qu'il soit; c'est l'esprit, c'est la raison de tous les législateurs qui se fait entendre par sa voix, & qui prononce par sa bouche des oracles d'une éternelle vérité.

Loin du sage magistrat l'aveugle confiance de celui qui n'a pour garant de ses décisions que les seules lumieres de sa foible raison : sa timidité sera criminelle lorsqu'elle ne sera pas malheureuse; & la justice lui demandera compte, non-seulement de ses défaites, mais de ses victoires mêmes.

Flattons neanmoins sa présomption, laissons-le se vanter de pouvoir découvrir les principes du droit naturel par les seules forces de son génie.

Mais ce droit naturel, qu'il prétend être du ressort de la simple raison, ne renferme qu'un petit nombre de regles générales. Le reste est l'ouvrage du droit positif, dont l'infinie variété ne peut être connue de l'esprit le plus sublime que par le secours de la science.

Chaque peuple, chaque province a ses loix, &, si on ose le dire, sa justice. Les montagnes & les rivieres qui divisent les empires & les royaumes, sont aussi devenues les bornes qui séparent le juste & l'injuste. La différence des loix forme plusieurs états dans un seul. Il semble que, pour abattre l'orgueil des hommes, Dieu ait pris plaisir à répandre la même confusion dans leurs langues : & la loi qui, comme la parole, n'est donnée aux hommes que pour les réunir, est devenue, comme la parole, le signe & souvent le sujet de leurs divisions.

A la vue de cette multitude de loix dont le magistrat doit être l'interprête, qui ne croiroit que, justement effrayé du poids de son ministere, il va consacrer tous les jours de sa vie à acquérir ce qui n'est que la science de son état? Triste, mais digne sujet de la censure publique ! Ce sera au contraire à la vue de cette multitude de loix, qu'il prendra la téméraire résolution de n'en étudier aucune. L'étendue même de ses devoirs lui servira de prétexte pour ne les pas remplir; & il ne saura rien, parce qu'il doit beaucoup savoir.

Qu'a fait ce jeune sénateur pour parvenir à cette fermeté intrépide de décision, avec laquelle il tranche les questions qu'il ne peut résoudre, & coupe le nœud qu'il ne sauroit délier? Il ne lui en a coûté que de souffrir qu'on le fît magistrat. Jusqu'au jour qu'il est entré dans le sanctuaire de la justice, l'oisiveté & les plaisirs partageoient toute sa vie: cependant on le revêtit de la pourpre la plus auguste; & celui qui, la veille de ce jour si saint, si redoutable pour lui, ignoroit peut-être jusqu'à la langue de la justice, s'assied sans rougir sur le tribunal, content de lui-même, & fier d'un mérite soudain qu'il croit avoir acheté avec le titre de sa dignité.

Il a changé d'état, il n'a pas changé de mœurs; les fonctions de la justice ne lui servent qu'à remplir le vuide de quelques heures inutiles, dont il étoit embarrassé avant que d'entrer dans la magiſtrature. Donner les premiers momens de la journée à la bienſéance, & croire avoir acquis par-là le droit de perdre tout le reſte; courir de théâtre en théâtre; voler rapidement en ces lieux où le monde ſe donne en ſpectacle à lui-même, pour partager enſuite les heures de la nuit entre le jeu & la bonne chere; voilà la regle & le plan de ſa vie: & pendant que ce ſont là ſes plus ſérieuſes, & ſouvent ſes plus innocentes occupations, il oſe ſe plaindre de n'avoir pas le tems néceſſaire pour s'inſtruire des devoirs de ſon état.

Quelle regle pourra ſuivre celui qui fait profeſſion de n'en point apprendre? Et faudra-t-il s'étonner ſi la légéreté préſide ſouvent à ſes jugemens, ſi le haſard les dicte quelquefois, & preſque toujours le tempérament? puiſſances aveugles & véritablement dignes de conduire un eſprit qui a ſecoué le joug pénible, mais glorieux & néceſſaire, de la ſcience.

Combien en voyons nous en effet errer continuellement au gré de leur inconſtance, changer tous les jours de principes, & faire naître de chaque ait autant de maximes différentes; auteurs de nouveaux systêmes, les créer & les anéantir avec la même facilité; aimer le vrai & le faux alternativement; quelquefois justes sans mérite, & le plus souvent injustes par légéreté!

D'autres, plus timides & plus incertains, ne voient que des nuages, & n'enfantent que des doutes. Les difficultés se multiplient, les épines croissent sous leurs pas: prêts à embrasser le parti qu'ils vont condamner, prêts à condamner celui qu'ils vont embrasser, de quel côté penchera cette balance si long-tems suspendue? Il vient enfin un moment fatal qui les fait sortir de l'équilibre de leurs pensées; ils se déterminent moins par choix que par lassitude; & le hasard fait sortir de leur bouche une décision dont ils se repentent en la prononçant.

C'est ainsi que le magistrat qui ne veut relever que de sa raison, se soumet, sans y penser, à l'incertitude & au caprice de son tempérament.

Comme la science n'est plus la regle commune des jugemens, chacun se forme une regle, &, si on ose le dire, une justice conforme au caractere de son esprit.

Les uns, efclaves de la lettre qui tue, font féveres jufqu'à la rigueur; les autres, amateurs de cet efprit de liberté qui donne la mort à la loi même, portent l'indulgence jufqu'au relâchement. Les premiers ne voient point d'innocens; les autres ne trouvent prefque jamais de coupables. Ils mefurent la grandeur des crimes, non par la regle uniforme & inflexible de la loi, mais par les impreffions changeantes & variables qu'ils font fur leurs efprits. Quelle preuve peut foutenir leur indulgente fubtilité? Semblables à ces philofophes qui, par des raifonnemens captieux, ébranlent les fondemens de la certitude humaine; on diroit qu'ils veulent introduire dans la juftice un dangereux pyrrhonifme qui, par les principes éblouiffans d'un doute univerfel, rend tous les faits incertains, & toutes les preuves équivoques. Ils appellent quelquefois l'humanité à leurs fecours, comme fi l'humanité pouvoit jamais être contraire à la juftice; & comme fi cette fauffe & féduifante équité, qui hafarde la vie de plufieurs innocens, en épargnant celle d'un feul coupable, n'avoit pas toujours été regardée comme une compaſſion cruelle & une miſéricorde inhumaine.

Ainſi s'effacent tous les jours ces regles antiques, reſpectables par leur vieilleſſe, que nos peres avoient reçues de leurs aïeux, & qu'ils avoient tranſmiſes juſqu'à nous, comme les reſtes les plus précieux de leur eſprit.

Vous le ſavez, vous qui êtes nés dans les jours les plus heureux, & qui avez blanchi ſous la pourpre : vous le ſavez, & nous vous l'entendons dire ſouvent ; il n'eſt preſque plus de maxime certaine ; les vérités les plus évidentes ont beſoin de confirmation ; une ignorance orgueilleuſe demande hardiment la preuve des premiers principes. Un jeune magiſtrat veut obliger les anciens ſénateurs à lui rendre raiſon de la foi de leurs peres, & remet en queſtion des déciſions conſacrées par le conſentement unanime de tous les hommes.

Ne portons pas plus loin la juſte ſévérité de nos cenſures ; diſons ſeulement que la juſtice, menacée de devenir ſouvent contraire à elle-même, redoute tous les jours cet eſprit dont notre ſiecle eſt preſque idolâtre. Plus le magistrat se flatte de ce dangereux avantage, plus elle craint de voir tous les jugemens rendus arbitraires, & l'indifférence des opinions devenir la religion dominante de ses ministres.

Heureux donc le magistrat qui, désabusé de ses talens, instruit de l'étendue de ses devoirs, étonné des tristes effets du mépris de la science, donne à notre siecle l'utile & nécessaire exemple d'un grand génie qui connoît sa foiblesse, & qui se défie de lui-même! Il marche lentement, mais sûrement. Pendant que la réputation de ceux qui ne sacrifient qu'à l'esprit, s'use par le tems, & se consume par les années; sa gloire augmente tous les jours, parce que tous les jours il fait croître sa science avec lui.

Attentif à lui attirer l'amour encore plus que l'admiration des hommes, il sait la réconcilier avec les partisans mêmes de l'ignorance; elle perd en lui cet air de fierté & de domination qui lui fait tant d'ennemis; elle est simple, modeste & même timide; dautant plus docile, qu'elle devient éclairée; cherchant à s'instruire par goût, & n'instruisant les autres que par nécessité.

Délices de l'intelligence, douce &

innocente volupté de l'homme de bien, elle délasse le magistrat des fatigues de ses emplois ; elle ranime ses forces abattues par un long travail ; elle est l'ornement de sa jeunesse, sa force dans un âge plus mûr, sa consolation dans sa vieillesse.

C'est alors qu'il recueille avec plaisir ce qu'il a semé avec peine ; & que, goûtant en paix le fruit de ses travaux, il redit tous les jours à ses enfans, qu'il voit marcher après lui dans la carriere de la justice : instruisez-vous, juges de la terre ; ne comptez plus sur cet esprit qui vous éblouit, ni même sur ce zele qui vous anime. En vain vous aimerez la justice, si vous n'apprenez à la connoître. Malheur au magistrat qui la trahit en la connoissant ! Mais malheur à celui qui l'abandonne parce qu'il ne la connoît pas !

Heureux au contraire le magistrat qui apprend à la connoître parce qu'il l'aime, parce qu'il la connoît ! Heureux enfin celui qui, ne séparant point ce qui doit être indivisible, tend à la sagesse par la justice, & à la justice par la vérité !

HUITIEME DISCOURS.

REQUISITOIRE

Sur la préſentation des lettres de M. le Chancelier de Pontchartrain.

Le 18 *Juin* 1700.

LA cérémonie de ce jour, profanée ſouvent par la flatterie, & preſque toujours conſacrée à la vanité, devient aujourd'hui véritablement auguſte par le culte religieux que l'éloquence rend à la ſévere modeſtie de M. le Chancelier.

Auſſi conſtant à refuſer les louanges qu'attentif à les mériter, il ne cherche dans la vertu que la vertu même: élevé à la ſuprême magiſtrature, il veut que la modeſtie & la ſimplicité montent avec lui ſur le trône de la juſtice; & bien loin de ſe laiſſer éblouir par une flatterie ingénieuſe, la vérité même lui devient ſuſpecte dès le moment qu'elle oſe le louer. Mais c'eſt en vain qu'il étouffe aujourd'hui la voix de l'éloquence, & qu'il fait céder un uſage auſſi ancien que ſolemnel à la loi nouvelle d'une inflexible modeſtie. Il ne paroît jamais plus digne de louanges, que lorſqu'il les évite ; ſa modeſtie même le trahit ; elle excite ces éloges qu'elle condamne ; & le mépris de la gloire l'éleve malgré lui juſques dans le ſein de la gloire même.

Que les orateurs ne ſe plaignent donc plus de la violence qu'il fait à leur zele ; leur ſilence l'honore encore plus que leurs paroles. Entrons nous-mêmes avec reſpect dans les ſentimens de M. le Chancelier ; écoutons, s'il ſe peut, juſqu'à la loi ſecrette de ſes deſirs. Que le ſerviteur fidele ne prenne devant ſon maître que la qualité de ſerviteur inutile ; que plein de la grandeur des ſervices qu'il eſpere de lui rendre, il ne compte pour rien tous ceux qu'il lui a rendus ; que le ſoin même qu'il prend de taire le paſſé, faſſe croître notre attente pour l'avenir, & qu'il ajoute à nos eſpérances tout ce qu'il retranche à nos éloges.

Mais ſi ſa modération ne nous permet pas de parler ici de tout ce qu'il a fait pour le Roi, ſon devoir & le nôtre nous ordonnent également de publier avec joie ce que le Roi a fait pour lui.

Joignons donc notre reconnoissance à celle de M. le Chancelier. Son élévation est un bien qui nous est encore plus propre qu'à M. le Chancelier même. Que la pompe de ce jour ne soit pas seulement consacrée au culte de la modestie ; qu'elle devienne encore le triomphe de la reconnoissance. Cherchons-en les justes motifs dans les lettres mêmes que l'on vient de publier : c'est au Roi qu'il est réservé d'égaler par ses paroles la sagesse de son choix ; & l'auteur du bienfait est seul capable de nous en faire sentir toute l'étendue.

Quelle joie pour ceux qui ont le bonheur de servir un si grand prince, de voir que, dans sa bouche, les morts ne sont pas moins honorés que les vivans ; qu'ils vivent dans son cœur pour leurs services, & dans son esprit pour leur réputation ; que le Roi se charge même d'acquitter les dettes de ses prédécesseurs ; & que, comme s'il n'avoit pas assez récompensé la vertu des ancêtres de M. le Chancelier, il veut leur accorder après leur mort la plus glorieuse & la plus rare de toutes les récompenses, le souvenir & la reconnoissance d'un Roi qu'ils n'ont pas eu le bonheur de servir.

C'est donc à nous, pour entrer dignement dans les intentions du Roi, de lui rendre aujourd'hui de publiques actions de graces d'avoir choisi le chef de la justice entre les descendans de ces hommes illustres, dont le nom seul est une leçon de droiture, de religion & de fidélité; dont les services ont mérité la gloire de renfermer successivement dans une même famille ce qui auroit pu en illustrer huit; & de voir ces charges éminentes qui partagent l'intime confiance de nos rois, devenir presque héréditaires en faveur de leur postérité, sans cesser jamais d'être une preuve éclatante de la bonté du prince & de la vertu du sujet.

Qu'il est glorieux à cette auguste compagnie de voir le Roi commencer ensuite l'énumération des grandes dignités dont il a revêtu Monsieur le Chancelier, par l'honneur que ce grand magistrat a eu autrefois d'entrer dans un sénat accoutumé depuis longtems à être le séminaire des Chanceliers de France!

La fortune, pleine des grands desseins qu'elle avoit déjà conçus pour M. le Chancelier, se hâta de lui ouvrir avant le tems l'entrée des dignités ; & la justice, qui compte les années des autres hommes, ne voulut peser que le mérite de M. de Pontchartrain.

Qu'on ne demande point ici quelle secrette loi parut fixer ensuite la rapidité de ses premieres démarches, & suspendre pour un tems le cours de ses hautes destinées.

Il falloit que ce chef de la justice pût croître pendant long-tems à l'ombre de la justice même ; il falloit que le premier parlement eût seul la gloire d'avoir formé le premier magistrat du royaume ; & que celui dont la suprême justice devoit se répandre un jour dans toutes les parties de l'état, en eût puisé les saintes maximes pendant seize années dans leur source la plus pure, ou plûtôt dans la plénitude de cette mer, dont toutes les autres jurisdictions ne sont qu'un écoulement précieux, & qu'une riche émanation.

Bientôt la justice, contente de son ouvrage & sûre du mérite de M. de

Pontchartrain, le livrera avec joie à l'impétuosité de sa fortune. On le verra marcher de dignités en dignités, & commencer cette course rapide qui ne s'arrêtera que lorsqu'elle l'aura élevé au plus haut degré de la magistrature. Bientôt digne chef d'un Parlement considérable, il méritera que le Roi lui confie en même-tems l'administration d'une de ses plus grandes provinces : bientôt la France, jalouse du bonheur de la Bretagne, ne voudra plus souffrir qu'elle possede seule une vertu dont tout le royaume devoit jouir ; bientôt enfin arrivera ce moment honorable à M. de Pontchartrain & glorieux au Roi même, où il faudra que la sagesse du souverain fasse une espece de violence à la modération du sujet, pour l'obliger à se charger de l'administration des finances ; accomplissant ainsi ce que le plus grand des philosophes a dit autrefois, que les dignités ne seroient jamais mieux remplies, que lorsque les princes seroient assez sages pour ne les donner qu'à ceux qu'il faudroit forcer de les recevoir.

Que ne pouvons-nous sortir des bornes étroites dans lesquelles nous

nous ſommes renfermés ! Et que ne nous eſt-il permis de nous repréſenter M. de Pontchartrain égalant les dignités de ſes peres, & ſurpaſſant leurs vertus ; chargé du redoutable fardeau de l'adminiſtration des finances, ſans en être accablé ; raſſuré, ſoutenu, conſolé dans les conjonctures les plus difficiles, par la loi ſuprême du ſalut de la patrie ; ferme génie dont on a vu croître la force & l'intrépidité avec les peines & les dangers ; incapable de douter un moment de la fortune de l'état, parce qu'il envisageoit toujours la main qui la ſoutenoit, en éclairciſſant les matieres les plus difficiles, & perçant les plus profondes d'un ſeul de ſes regards ; plus inſtruit des affaires qu'il avoit eu à peine le loiſir d'entrevoir, que ceux qui croient les avoir épuiſées par une longue méditation ; heureuſe & ſublime intelligence, mais auſſi exacte que rapide, qui ſaiſiſſoit juſqu'aux moindres circonſtances ; & qui, dévorant tous les objets d'une premiere vue, ne laiſſoit à la ſeconde que le plaiſir de remarquer que rien n'avoit échappé à la premiere !

Nous

Nous retombons dans les louanges que nous voulons éviter; notre cœur séduit ici notre esprit, & le sentiment a plus de part que la réflexion aux éloges qui nous échappent.

Mais comment pourrions-nous louer la justice du choix du prince, sans louer le mérite de celui qu'il a choisi? Tel est le rare bonheur de M. le Chancelier, qu'on ne peut en ce jour séparer son éloge de celui du Roi. Que sa modestie se sacrifie donc sans peine à la gloire de son maître; qu'il considere que c'est louer le Roi, que louer son ouvrage; & que si une partie de notre encens semble s'échapper vers M. le Chancelier, ce n'est que pour s'élever par lui jusqu'au prince qui nous l'a donné.

Disons plutôt, Messieurs, qu'il nous l'a rendu. La justice s'en étoit privée à regret pour le prêter aux finances: les plus fortes & les plus impérieuses de toutes les loix, la nécessité, l'utilité publique, nous l'avoient arraché; & M. le Chancelier n'avoit pas moins souffert de cette séparation, que la justice même.

Attaché à son culte dès sa plus tendre jeunesse, combien de fois a-t-il desiré de n'avoir à consulter que les loix simples & uniformes de cette justice immuable, qui n'est jamais forcée de changer avec le tems, de fléchir sous le poids des conjonctures, & d'acheter le bonheur public par le malheur des particuliers !

C'est le tranquille séjour de cette constante justice, que M. le Chancelier a toujours regardé de loin comme sa véritable patrie : heureux d'avoir soutenu l'effort de la tempête qui l'en avoit écarté ! & plus heureux encore d'entrer enfin si glorieusement dans le port ! La paix a réuni ce que la guerre a séparé ; les vœux de la justice sont exaucés ; & elle ne se plaint plus d'avoir perdu M. de Pontchartrain pendant quelques années, puisque c'est à cette perte même qu'elle doit presque le bonheur de l'avoir aujourd'hui pour son illustre chef.

Quelle multitude de devoirs mutuels & d'engagemens inviolables, renfermés dans ce seul nom ! Tout ce que la justice doit à M. le Chancelier, tout ce que M. le Chancelier doit à la justice, se présente ici à notre esprit :

& nous ne craindrons point de manquer au respect que nous lui devons, quand nous oserons nous assurer que, quelque étendus que soient les engagemens de la justice, ceux de M. le Chancelier nous paroissent encore plus grands.

La justice, il est vrai, se dépose toute entiere entre ses mains; elle lui promet une confiance parfaite, une déférence absolue, une soumission respectueuse: mais ce qu'elle attend de lui est encore au-dessous de tout ce qu'elle peut lui promettre.

La plus saine & la plus inviolable portion de la justice, les loix qui doivent être les arbitres suprêmes de nos biens & de nos vices, s'adressent d'abord à lui, & implorent son secours pour reprendre entre ses mains, leur ancien éclat & leur premiere splendeur.

Leur antiquité, qui devoit nous les rendre plus vénérables, n'a servi souvent qu'à les faire tomber dans le mépris; l'inconstance des mœurs les fait regarder comme impossibles; leur contrariété inutiles, & leur multitude presque inconnues.

Contraintes souvent malgré elles d'armer la malice du plaideur injuste, au lieu de servir d'asyle à la simplicité de l'homme de bien, gémissant que leur nombre est devenu bien moins une source de lumiere pour les juges, qu'un prétexte spécieux qui sert quelquefois de voile à leur ignorance, elles attendent depuis long-tems une main habile qui soulage la justice de ce poids immense d'une infinité de loix superflues, sous lequel tant de loix salutaires demeurent presque ensevelies ; qui rappelle les anciennes, qui perfectionne les nouvelles, qui les ranime toutes par une fidele & sévere exécution ; qui éclaircisse ce qu'elles ont de contraire ; & qui, les renfermant dans leur bornes légitimes, puisse exciter l'application & confondre la paresse, rendre la science facile & l'ignorance inexcusable.

Puissions-nous voir bientôt renaître, sous les auspices de M. le Chancelier, ces jours heureux, où le magistrat n'étoit pas moins respecté que la loi même ; où toutes les nations de la terre venoient admirer également, & la sainteté de nos loix, & la majesté de leurs miniſtres; & où les plus grands rois de l'Europe venoient reconnoître dans ce ſénat d'autres ſouverains qui régnoient ſur eux par l'élévation de leurs lumieres & par la ſupériorité de leur ſageſſe !

Puiſſions-nous voir en même-tems les ſentiers de la juſtice applanis par la vigilante application de M. le Chancelier! Puiſſe-t-il en arracher ces funeſte épines que le malheur des tems y a fait naître, & retrancher enfin cette multitude de procédures ruineuſes qui ſouvent dépouillent les vaincus ſans enrichir les vainqueurs, & qui ſemblent réduire la juſtice à n'être plus que le partage du riche & du puiſſant, au lieu qu'elle ſe plaît à être l'aſyle du pauvre & du foible opprimé !

Que manquera-t-il alors au parfait bonheur des miniſtres de la juſtice ? M. le Chancelier leur épargnera juſqu'à la peine de former des vœux pour la conſervation de leur dignité. Plus jaloux de l'honneur des magiſtrats, que les magiſtrats mêmes, il apprendra à ſes ſucceſſeurs que la perſonne des juges ne doit pas paroître moins ſacrée à leurs ſupérieurs qu'à leurs inférieurs ; qu'un Chancelier s'honore lui-même en honorant les coadjuteurs de son ministere ; & que, s'il est le juge de leur justice, il doit être encore plus le conservateur, &, si l'on ose le dire, l'ange tutélaire de leur dignité.

Plein de ces grands sentimens, M. le Chancelier ne se contentera pas d'être le défenseur des loix, l'appui de la justice, le protecteur des magistrats; il voudra que tout l'état recueille les fruits précieux de son heureuse magistrature.

Déjà par ses sages conseils, ou plutôt sous les ordres du Roi qui ne laisse à ses ministres mêmes que la gloire de l'obéissance; déjà commence à tomber ce vice contagieux dont nous avons donné l'exemple à l'Europe ; ce vice qui ne sortoit autrefois que du séjour de l'abondance, & qui naît aujourd'hui dans le sein même de la pauvreté. Ce luxe enfin que les anciennes loix n'avoient fait qu'irriter, que les malheurs de la guerre avoient augmenté, que le retour de la paix sembloit avoir confirmé pour toujours dans la paisible possession où il étoit de confondre tous les rangs, & d'exercer sur les ſages mêmes une eſpece de tyrannie, eſt obligé de céder aux ordres abſolus & aux exemples encore plus ſouverains du ſuprême légiſlateur. Premier obſervateur de ſa loi, il commande par ſes actions encore plus que par ſes paroles; & pour confondre l'orgueil téméraire de ceux qui avoient porté l'excès de leur magnificence juſqu'à égaler celle du ſouverain, le ſouverain veut bien deſcendre juſqu'au rang de ſes ſujets, & n'exiger d'eux que ce qu'il ſe preſcrit à lui-même.

Quels ſuccès ne ſuivront pas de ſi utiles commencemens! Une premiere réforme ſera une ſource féconde de réglemens encore plus ſalutaire; la loi ſera la raiſon de ceux qui n'en ont point; la ſageſſe du prince deviendra celle de ſes ſujets. Attentif à prévenir leur ruine volontaire, & à conſerver, ſouvent malgré eux, les débris de leur fortune, il ne ſera pas moins le pere de chaque famille particuliere, que celui de la patrie.

Deſtiné à porter en tous lieux l'image & le caractere d'un ſi grand prince, dépoſitaire de ſes ſentimens, interprête de ſon amour & de ſa tendresse pour ses peuples, M. le Chancelier sera encore plus le ministre de sa bonté, que le dispensateur de sa justice.

Quelle gloire pour lui, mais en même-tems quel sujet de frayeur, quand il considere de quel prince il doit être l'image !

N'avoir plus de pensées qui ne soient dignes de la sagesse même; perdre heureusement sa volonte, pour n'en avoir plus d'autre que celle de la justice; parler comme la vérité, agir comme la prudence, dominer comme la raison, punir comme la loi, pardonner comme Dieu même ; telle est la haute idée des devoirs de celui qui est destiné à être l'image du prince qui nous gouverne. Heureux, si, fidele à imiter de si grandes vertus, M. le Chancelier peut ajouter chaque jour un nouveau trait à cette auguste ressemblance !

Que nous reste-t-il à souhaiter après cela, si ce n'est que ce bonheur soit aussi durable que l'âge de M. le Chancelier semble nous le promettre ; qu'il surpasse les années autant que les services de ses prédécesseurs; que le Roi, prévenant ses desirs, & répandant sur lui ſes bienfaits avec profuſion, lui faſſe ſouvent éprouver que ſa magnificence peut toujours accorder de nouvelles graces à ceux auxquels il ſembloit avoir tout donné; qu'il goûte la douceur de ſe voir renaître dans la perſonne d'un fils héritier de ſa vertu, encore plus que de ſa dignité; que le ciel, qui lui fait déjà voir les enfans de ſes enfans, lui accorde le plaiſir de revivre plus d'une fois dans une longue ſuite de deſcendans, qui croiſſent ſous ſes yeux pour l'ornement de leur ſiecle, pour la gloire de leur maiſon, & pour le bien de l'état; que la juſtice lui ſoit encore plus chere que ſon propre ſang; que l'on doute toujours plus s'il aime la magiſtrature, ou s'il en eſt plus aimé; & pour renfermer tous nos ſouhaits dans un ſeul, qu'il jouiſſe long-tems de ſa fortune, & que le public jouiſſe toujours de ſa vertu.

NEUVIEME DISCOURS.

FRAGMENT D'UNE MERCURIALE

Prononcée après la mort de Monsieur LE NAIN, *Avocat-Général.*

..... CETTE année fatale aux héros nous a fait perdre deux grands magistrats qui, pénétrés de la vérité de ces maximes, ont fait pendant leur vie leur occupation de l'étude du droit public. L'un (1) mérita cette pourpre éminente qu'il pouvoit regarder comme héréditaire en sa famille. Heureux fils, heureux pere, après avoir fait revivre en lui toutes les vertus & toute la grandeur de ses ancêtres, il a eu la consolation de se voir renaître dans deux enfans successeurs de ses lumieres & de ses dignités.

Qui l'auroit cru, que sa perte dût être suivie si promptement de celle du magistrat aussi aimable que respectable

(1) M. de Lamoignon.

qu'une mort prématurée vient d'enlever à la justice, au public, &, puisqu'il faut que nous prononcions cette triste parole, à nous-mêmes ?

Comme si le ciel eût voulu proportionner la rapide perfection de son mérite à la trop courte durée de ses jours, il lui donna dès sa jeunesse cette maturité de jugement qui, dans les autres hommes, est l'ouvrage des années, & souvent le dernier fruit d'une lente vieillesse.

Peu s'en faut que nous n'oubliions ici nos propres principes, & que nous ne disions que la force de sa raison auroit pu nous faire douter de la nécessité de l'étude, s'il ne l'avoit prouvé par son exemple. Il joignit au mérite de l'esprit le don encore plus précieux de savoir s'en défier; &, ce qui est beaucoup plus rare, il sut s'en défier seul, chercher dans les autres les lumieres qu'il trouvoit en lui, consulter ceux dont il auroit pu être le conseil, & les instruire malgré lui en les consultant.

Que manquoit-il à un mérite si pur, que d'être parfaitement connu, & de se montrer dans une place qui pût forcer le ſecret de ſa ſageſſe, & lever le voile de ſa modeſtie? Il eſt enfin appellé à cette place éclatante; & après avoir contribué long-tems de ſes lumieres à former les oracles du ſénat, il eſt jugé digne de les prévenir.

Que ne pouvons-nous recueillir les traits nobles & expreſſifs dont vous venez de nous le peindre à nous-mêmes, pour le repréſenter ici avec cette gravité naturelle, & ce caractere de magiſtrat qu'il ſembloit porter écrit ſur ſon front, faiſant tomber le nuage de l'erreur aux pieds du trône de la juſtice, & lui préſentant toujours la pure lumiere de la vérité! Au-deſſus des plus grandes affaires par l'étendue de ſon génie, & ſe croyant preſque au-deſſous des plus petites par l'exactitude de ſa religion; eſprit auſſi lumineux que ſolide, les principes y naiſſoient comme dans leur ſource; la même juſteſſe qui les produiſoit, les plaçoit ſans effort dans leur ordre naturel. Ses paroles, remplies & comme pénétrées de la ſubſtance des choſes mêmes, ſortoient moins de ſa bouche que de la profondeur de ſon jugement; & l'on eût dit en l'écoutant, que c'étoit la raison même qui parloit à la justice.

Avec quelle délicatesse savoit-il remuer les ressorts les plus secrets de l'esprit & du cœur, soit qu'il entreprît de former l'orateur dans le barreau, soit qu'au milieu du sénat assemblé il voulût tracer l'image du parfait magistrat ! il devoit encore aujourd'hui faire entendre cette voix, dont la douce insinuation sembloit donner du poids à la justice & du crédit à la vertu. Que ne nous est-il permis de le faire parler au lieu de nous ! Mais, puisque nous sommes privés de cette satisfaction, que pouvons-nous faire de mieux que de vous parler de lui ? Son éloquence même ne lui étoit pas nécessaire pour inspirer l'amour de la vérité. Il n'avoit, pour la rendre aimable, qu'à se peindre dans ses discours, & parler d'après lui-même. Né dans le sein de la justice, digne fils d'un pere aussi heureux de lui avoir donné la vie que malheureux de lui survivre, élevé sous les yeux d'un aïeul vénérable; objet de la tendresse & de la complaisance de cet homme vrai, qui n'a point connu les foiblesses du ſang, & qui, dans ſes propres enfans, n'a jamais loué que la vérité; il avoit ſu allier heureuſement à la vertu héréditaire de ſa famille, des graces innocentes qui, ſans lui rien faire perdre de ſa droiture inflexible, répandoient ſur elle ce charme ſecret qui lui attire l'amour encore plus que l'admiration.

Quelle facilité dans le commerce! quel agrément dans les mœurs! quelle douceur, ce n'eſt pas aſſez dire, quel enchantement dans la ſociété! Faut-il que nous rouvrions auſſi cette plaie? Et ne pouvons-nous le louer, ſans toucher ici la partie la plus ſenſible de notre douleur? Vrai, ſimple, ſans faſte, ſans affectation, aucun fard ne corrompoit en lui la vérité de la nature. Exempt de toute ambition, il n'en avoit pas même pour les ouvrages de ſon eſprit; le deſir de bien faire n'a jamais été avili dans ſon cœur par le deſir de paroître avoir bien fait; & pour parvenir à la gloire, il ne lui en avoit pas même coûté de la ſouhaiter. On eût dit que ſon ame étoit le tranquille ſéjour de la paix. Nul homme n'a jamais mieux ſu vivre avec ſoi-même : nul homme n'a jamais mieux su vivre avec les autres. Content dans la solitude, content dans la société, par-tout il étoit à sa place ; & sachant toujours se rendre heureux, il répandoit le même bonheur sur tous ceux qui l'environnoient.

Le ciel n'a pas permis que nous ayons joui plus long-tems de ce bonheur : il a rompu les liens de cette union si douce, si intime, qui, dans les peines & les travaux attachés à notre ministere, faisoit notre force, notre sûreté, notre gloire, nos délices. Mais si la mort nous enleve avant le tems un magistrat si digne de nos regrets, nous aurons au moins la consolation de ne le pas perdre tout entier. Gravé dans le fond de notre ame par les traits ineffaçables de notre douleur, il y vivra encore plus utilement par ses exemples : nous n'aurons plus le plaisir de l'avoir pour collegue & pour coadjuteur de nos fonctions, mais nous l'aurons toujours pour modele ; & si nous ne pouvons plus vivre avec lui, nous tâcherons au moins de vivre comme lui.

Nous jouirons cependant de l'espérance de le retrouver dans le digne successeur (1) que le Roi vient de lui donner. Nous croyons en faire un éloge accompli, lorsque nous l'appellons le digne successeur du magistrat que nous pleurons. Ce nom seul lui ouvre une longue & pénible carriere, digne des rares talens de son esprit, digne de la droiture encore plus estimable de son cœur. Il marchera à grands pas dans cette carriere illustre, où la voix du public, disons même celle de la nature, semblent l'avoir appellé avant le choix du Roi. Il égalera, il surpassera l'attente du sénat. Mais pour le faire pleinement, qu'il se souvienne toujours du magistrat auquel il succede; & qu'au milieu de cette gloire que nous lui promettons avec une entiere confiance, il n'oublie jamais le prix qu'il nous a coûté.

---

(1) M. Joly de Fleury, depuis Procureur Général.

DIXIEME DISCOURS.

RÉQUISITOIRE

Au ſujet de la juriſdiction du Châtelet, & des Juges & Conſuls.

Sept Août 1698.

CE jour, les Gens du Roi. . . . M. HENRI-FRANÇOIS D'AGUESSEAU, Avocat dudit Seigneur Roi, portant la parole, ont dit : Que les obligations de leur miniſtere ne leur permettoient pas de demeurer plus longtems dans le ſilence ſur les conteſtations trop publiques que l'intérêt de la juriſdiction a fait naître depuis quelque tems entre les Officiers du Châtelet, & les Juge & Conſuls.

Quelque ſoin que l'ordonnance de 1673 ait pris de marquer des bornes juſtes & certaines entre la juriſdiction des juges ordinaires & celles des Juge & Conſuls, il faut avouer néanmoins que l'affectation des plaideurs a excité depuis long-tems une infinité de conflits, dans leſquels on s'eſt efforcé de confondre ce que l'ordonnance & les arrêts de réglement de la Cour avoient si sagement & si exactement distingué.

Que jusqu'à présent ces conflits se passoient entre les parties ; les juges ne paroissoient point y prendre part, & quelques inconvéniens particuliers ne sembloient point demander un remede général. Mais qu'aujourd'hui les choses ne sont plus en cet état. On a vu afficher dans Paris, d'un côté une ordonnance des Juge & Consuls, de l'autre une ordonnance du Prévôt de Paris, pour soutenir les intérêts opposés de leur jurisdiction. Les parties menacées de condamnation d'amende, incertaines sur le choix du tribunal où elles doivent porter leurs contestations, attendent avec impatience que la Cour, supérieure en lumiere comme en autorité, leur donne des juges certains, & rende l'accès des tribunaux inférieurs aussi facile & aussi sûr qu'il paroît à présent & difficile & douteux.

Que s'il s'agissoit de prononcer définitivement sur l'appel de ces prétendus réglemens, il ne seroit peut-être que trop aisé de faire voir que l'un & l'autre renferment des nullités essentielles, & des défauts presque également importants.

Que, d'un côté, quelque favorable que soit la jurisdiction consulaire, elle ne peut pourtant s'attribuer l'autorité de faire des réglemens ; on n'y trouve, ni un office & un ministere public qui puisse les requérir, ni des juges revêtus d'un caractere assez élevé pour pouvoir les ordonner, ni un territoire dans lequel ils puissent les faire exécuter.

Que, d'ailleurs, l'ordonnance que les Juges & Consuls ont fait publier, n'est qu'une simple & inutile répétition de l'ordonnance de 1673, qui n'en contient que les termes sans en avoir l'autorité.

Que, d'un autre côté, le réglement contraire qui a été affiché en vertu d'une ordonnance du Prévôt de Paris, paroît d'abord plus favorable, non-seulement par les prérogatives éminentes de celle des Juge & Consuls, mais encore parce que les officiers du Châtelet trouvent leur excuse dans la conduite des juges qu'ils regardent comme leurs parties. Ils n'ont point à se reprocher, comme eux, d'avoir fait éclater une division & un combat de sentimens souvent contraires à l'honneur des juges, & toujours au bien public : ils n'ont fait que défendre leur compétence, & soutenir leur jurisdiction attaquée par l'ordonnance des Juge & Consuls.

Mais si la forme extérieure de cette derniere ordonnance paroît plus réguliere que celle de la premiere, on est forcé néanmoins de reconnoître, dans la substance même & dans la disposition de ce réglement, des défauts importans qui ne permettent pas qu'on en tolere l'exécution.

Qu'on y trouve d'abord cet exposé injurieux aux Juge & Consuls, « que les » marchands banqueroutiers, pour » être favorisés, & éviter la peine de » mort prononcée par les ordonnan» ces pour le crime de banqueroute, » s'adressent à leurs confreres, qui » homologuent très-facilement les » contrats faits avec des créanciers » supposés » : comme s'il étoit permis à des juges, dans une ordonnance publique, d'accuser d'autres juges de connivence & presque de collusion avec les criminels, pour étouffer la connoissance d'un crime & le dérober à la vengeance publique !

Qu'on suppose ensuite dans cette ordonnance, que les Juge & Consuls n'ont point de sceau, & qu'ils doivent emprunter celui du Châtelet ; quoiqu'ils soient dans une possession immémoriale d'avoir un sceau particulier, & que même dans ces derniers tems le Roi ait érigé ce titre d'office un garde-scél de la jurisdiction consulaire.

Qu'on insinue que le sceau du Châtelet peut lui attribuer jurisdiction, même en matiere consulaire ; que l'homologation des contrats passés entre un débiteur & ses créanciers appartient indistinctement, & dans tous les cas, au Prévôt de Paris ; qu'il a droit de connoître de toutes les lettres de change entre toutes sortes de personnes, si ce n'est entre négocians. Et l'on y avance plusieurs autres propositions, dont les unes paroissent directement contraires à la disposition des ordonnances, & les autres ne peuvent être admises qu'avec distinction.

Mais ce qui leur paroît encore plus important, c'est que l'on s'éloigne, dans ce réglement, de l'esprit & de la sage disposition de l'ordonnance de 1673.

Cette loi a supposé que les sergens & les autres ministres inférieurs de la justice étant tous dans la dépendance des juges ordinaires, il étoit inutile de leur faire des défenses rigoureuses de porter pardevant les Consuls les causes dont la connoissance appartient à la justice ordinaire.

On a cru, au contraire, que, toujours attentifs à soutenir la jurisdiction de leurs supérieurs, ils seroient plus capables de priver les Consuls de ce qui leur appartient, que de leur déférer ce qui ne leur appartient pas.

C'est pour cela que si l'ordonnance prononce des condamnatious d'amende, & contre les parties, & contre les officiers qui leur auront prêté leur ministere, c'est uniquement contre ceux qui auront voulu dépouiller les consuls d'une partie de leur jurisdiction.

Cependant, contre l'intention & les termes de l'ordonnance, le nouveau réglement du Châtelet impose des peines séveres à ceux qui portent dans le tribunal des Juge & Consuls des causes qui sont de la jurisdiction ordinaire.

La crainte de ces peines réduit souvent les parties dans l'impossibilité de trouver des sergens qui veulent se charger de leurs assignations : & le moindre inconvénient auquel cette nouveauté puisse donner lieu, & le retardement de l'expédition, qui, dans ces sortes de matieres encore plus que dans les autres, fait une partie si considérable de la justice.

Qu'au milieu de tant de moyens par lesquels on pourroit combattre ces deux ordonnances contraires, ils voient avec plaisir que les officiers de l'une & l'autre jurisdiction n'en ont point interjetté d'appellations respectives; ils ont conservé le caractere de juges, & n'ont point voulu prendre celui de parties; & sans quitter les fonctions importantes qu'ils remplissent avec l'approbation du public, pour venir dans ce tribunal défendre les droits de leurs sieges, ils se sont contentés de remettre leurs mémoires entre leurs mains, pour attendre ensuite avec tout le public le réglement qu'il plaira à la Cour de prononcer.

Qu'ils oseront prendre la liberté de lui dire que le meilleur de tous les réglemens sera le plus simple, c'est-à-dire, celui qui, en défendant l'exécution des deux nouvelles ordonnances que leur contrariété rend également inutiles & illusoires, remettra les choses dans le même état où elles étoient avant ces prétendus réglemens, & ordonnera purement & simplement l'observation de la loi commune de l'une & de l'autre jurisdiction, c'est-à-dire, l'ordonnance de 1673.

Mais que, pour le faire d'une maniere plus précise, qui prévienne & qui termine dans le principe toutes les contestations générales ou particulieres qui pourroient naître à l'avenir, ils croient devoir observer ici que les plaintes des Juge & Consuls contre les entreprises des Officiers du Châtelet, se réduisent à deux chefs pincipaux

Le premier regarde les révocations des assignations données pardevant les Juge & Consuls.

Le

Le second concerne l'élargissement des prisonniers arrêtés en vertu des jugemens rendus en la jurisdiction consulaire.

L'ordonnance de 1673 sembloit avoir suffisamment pourvu à l'un & à l'autre de ces chefs, en défendant à tous juges ordinaires de révoquer les assignations données pardevant les Consuls, & de suspendre ou d'empêcher l'exécution de leurs ordonnances.

Qu'on a éludé la premiere partie de cette disposition, par la facilité que l'on a trouvée au Châtelet de révoquer les assignations données pardevant les Juge & Consuls, non pas, à la vérité, sous le nom des parties (ce seroit une contravention grossiere à l'ordonnance), mais sous le nom de la partie publique, & à la réquisition des Gens du Roi : & comme ces sortes de réquisitions ne se refusent jamais, la sage disposition de l'ordonnance est devenue inutile, & les conflits se sont multipliés par l'assurance de l'impunité.

Qu'à l'égard de l'autre partie de l'ordonnance, il paroît qu'elle n'a pas toujours été réguliérement observée au

Châtelet, & que l'on y a quelquefois surpris des sentences portant permission d'élargir les prisonniers arrêtés pour des condamnations prononcées par les Consuls.

Que, pour opposer un remede aussi prompt qu'efficace à ces deux inconvéniens, ils ne proposeront à la Cour que ce qu'ils trouvent écrit dans quelques-uns de ses arrêts de réglement, & entr'autres dans des arrêts rendus en 1611, 1615, 1648 & 1650, pour les Consuls de Paris, & dans un arrêt de 1665 donné en faveur des Consuls d'Orléans.

Qu'il a été défendu par ces arrêts, tant aux parties qu'aux substituts de M. le Procureur-Général, de faire révoquer, casser, & annuller les assignations données pardevant les Juge & Consuls, & de requérir aucune condamnation d'amende contre ceux qui se seroient pourvus en ce tribunal.

Que les mêmes réglemens défendent à tous juges de surseoir, arrêter, ou empêcher l'exécution des sentences rendues par les Juge & Consuls: sauf aux parties à avoir recours à l'autorité de la Cour, pour leur être pourvu

Qu'ainsi la raison & l'autorité, le bien public & particulier, l'intérêt des juges & celui des parties, tout concourt à les déterminer à demander à la Cour qu'il lui plaise de suivre ici ses propres exemples; ils ne peuvent lui en proposer de plus grands; de prévenir par des défenses respectives les inconveniens dans lesquels deux réglemens contraires peuvent jetter les parties; d'ordonner ensuite l'exécution pure & simple de l'ordonnance; de condamner les voies indiscrettes par lesquelles l'artifice des parties a trouvé depuis quelque tems les moyens de l'éluder; & de faire ensorte que l'attention des juges qui sont soumis à l'autorité de la Cour, n'étant plus partagée par des conflits de jurisdiction si peu dignes des les occuper, se réunisse désormais, & se consacre tout entiere au service du public dans la portion de jurisdiction que la bonté du Roi veut bien leur confier.

C'EST par toutes ces raisons qu'ils requierent qu'il plaise à la Cour recevoir M. le Procureur-Général appellant desdites sentences en forme de réglement, rendues, l'une par les Juge & Consuls le 17 Mars 1698, l'autre par le Prévôt de Paris ou son Lieutenant le 23 Avril suivant: faire défenses de les exécuter, jusqu'à ce que par la Cour en ait été autrement ordonné; cependant, que les édits, déclarations & arrêtés de réglemens concernant la jurisdiction consulaire, notamment l'article XV du titre XII de l'ordonnance de 1673, seront exécutés selon leur forme & teneur; ce faisant, faire défenses au Prévôt de Paris & à tous autres juges de révoquer, même sur la réquisition du substitut de M. le Procureur-Général, les assignations données pardevant les Juge & Consuls, de casser & annuller les sentences par eux rendues, & de prononcer aucunes condamnations d'amende pour distraction de jurisdiction, contre les parties qui auront fait donner, ou contre les sergens qui auront donné des assignations pardevant les Juge & Consuls; sauf aux parties à se pourvoir en la Cour pour leur être fait droit, & au substitut de M. le Procureur-Général à intervenir, si bon lui semble, même à interjetter appel, en cas de collusion ou de négligence des parties, pour l'intérêt de la jurisdiction du Prévôt de Paris.

Faire pareilles inhibitions & défenses au Prévôt de Paris, & à tous autres Juges, de surseoir, arrêter ou empêcher, en quelque maniere que ce puisse être, l'exécution des sentences émanées de la jurisdiction consulaire; & de faire élargir les prisonniers arrêtés ou recommandés en vertu des sentences des Consuls, comme aussi faire défenses aux Juge & Consuls d'entreprendre de connoître de matieres qui sont de la compétence des juges ordinaires.

Enjoint à eux de déférer au renvoi requis par les parties, dans les cas qui ne sont point de leur compétence, suivant l'ordonnance; & que l'arrêt qui interviendra sur leurs conclusions, sera lu & publié, tant à l'audience du Châtelet, qu'à celle des Juge & Consuls, & affiché par-tout où besoin sera.

ONZIEME DISCOURS.

REQUISITOIRE

Au ſujet des défenſes faites à tous gens de juſtice du Bailliage & Prévôté de Bar, d'ajouter au nom du Roi le ſurnom de TRÈS-CHRÉTIEN.

27 Mars 1699.

CE jour les Gens du Roi. .... M. HENRI-FRANÇOIS D'AGUESSEAU, Avocat dudit Seigneur Roi, portant la parole, ont dit à la Cour: Que la vigilance & l'application infatigable avec leſquelles ils doivent ſoutenir les droits du Roi, dont la défenſe eſt la principale & la plus ancienne fonction de leur miniſtere, ne leur permettent pas de demeurer dans le ſilence ſur un abus qui s'introduit depuis quelque tems dans les ſieges du Bailliage & de la Prévôté de Bar. Comme ſi cetre province avoit ceſſé de faire partie du royaume, on affecte de n'y plus parler du Roi avec la diſtinction qui lui eſt due par tous ceux qui ont l'avantage de vivre ſous ſa domination: au lieu de lui donner le nom de Roi abſolument & ſans aucune reſtriction, on ajoute à cette qualité le ſurnom inutile parmi ſes ſujets, de Roi *Très-Chrétien ;* & on trouve des François qui, oſant parler de leur véritable maître comme d'un prince étranger, n'augmentent ſes titres que pour diminuer indirectement l'étendue de ſa puiſſance : que non-ſeulement on ſouffre dans une audience publique que des Avocats s'expliquent d'une maniere qui bleſſe ſi évidemment les droits ſacrés de ſa dignité royale; mais les juges mêmes ſe donnent cette liberté, & ils ne craignent point d'approuver par leur ſignature ce que perſonne ne devroit prononcer impunément en leur préſence.

Qu'ils ont eu d'abord de la peine à croire que des officiers qui voient tous les jours leurs jugemens réformés dans ce tribunal, qui éprouvent ſur eux-mêmes les effets du pouvoir qu'il plaît au Roi de confier à ſon Parlement, euſſent pu oublier ſitôt les ſentimens de reſpect & de ſoumiſſion que le bonheur de leur naiſſance devoit avoir gravés plus profondément dans leur cœur.

Mais qu'il ne leur eſt plus permis d'en douter, depuis qu'ils ont eux-mêmes lu le ſurnom de Roi *Très-Chrétien* écrit dans onze ſentences du Bailliage & de la Prévôté de Bar, qui leur ſont tombées depuis quelques jours entre les mains, & qu'ils apportent à la Cour.

Que ce ſeroit faire tort à la certitude & à la juſtice des droits du Roi, que d'entreprendre de prouver ici ce que ſes ennemis mêmes n'ont jamais oſé lui conteſter ouvertement. Et ſi les officiers de Bar avoient conſulté les actes les plus avantageux qu'ils doivent reſpecter comme des monumens de la magnificence & de la libéralité purement gratuite de nos rois, ils auroient aiſément reconnu, dans la réſerve expreſſe de l'hommage lige & du reſſort, ce double caractere de ſupériorité d'un côté, de dépendance de l'autre, qui conſtituent toute l'eſſence de la ſouveraineté.

Qu'ils ne ſauroient même croire que ces officiers refuſent véritablement de le reconnoître; & qu'ils ne peuvent conſidérer ce qui s'eſt paſſé dans ces derniers tems au Baillage de Bar, que comme l'entreprise téméraire de quelques particuliers qui n'aura point de suite, comme elle n'aura point eu de fondement. Mais, pour étouffer cet abus dans sa naissance, ils croient que leur devoir les oblige de demander à la Cour, qu'il lui plaise d'exercer en ce jour la plus auguste fonction de la justice souveraine du Roi, en l'employant toute entiere à faire respecter la grandeur & l'autorité de celui qui la lui donne.

Que les habitans du Barrois instruits par l'Arrêt que la Cour va prononcer, reconnoissent avec joie qu'ils ont la gloire & le bonheur d'obéir au même maître que nous. Qu'ils respectent les plus nobles images de sa grandeur dans la personne de leurs ducs; mais qu'ils remontent jusqu'au principe & à la source de leur puissance, pour révérer avec nous, dans la personne de nos rois, cette majesté suprême à laquelle les plus grands princes & les rois mêmes n'ont point rougi de rendre hommage, en s'avouant avec respect les vassaux & les hommes liges de la couronne.

DOUXIEME DISCOURS.

REQUISITOIRE

A fin de défenses à toutes personnes de prendre à partie aucuns Juges, ni de les faire intimer sur l'appel de leurs jugemens, sans en avoir auparavant obtenu la permission expressément par la Cour.

4 Juin 1699.

CE jour, les Grand'Chambre & Tournelle assemblées, les Gens du Roi..... M. HENRI FRANÇOIS D'AGUESSEAU, Avocat dudit Seigneur Roi, portant la parole, ont dit à la Cour:

Que, comme le zele dont elle est animée pour tout ce qui regarde l'honneur des juges, ne se renferme pas dans les bornes de la compagnie, & qu'il se répand sur tous ceux qui ont une portion de ce caractere éminent dont elle possede la plénitude, ils croient devoir lui proposer aujourd'hui d'autoriser par un réglément général, & confirmer pour toujours un ancien usage digne de la sagesse des premiers magiſtrats, & de la protection qu'ils doivent donner aux juges ſubalternes dont l'honneur eſt remis entre leurs mains.

Que cet uſage, qui a paru ſi favorable qu'il s'eſt introduit ſans le ſecours d'aucune loi, ne permet pas que l'on intime aucun juge en ſon propre & privé nom, ou qu'on le prenne à partie, ſans en avoir obtenu la permiſſion de la Cour. C'eſt à elle ſeule qu'il appartient de donner aux parties la liberté d'attaquer leurs propres juges; & elles doivent garder un ſilence reſpectueux ſur la conduite des miniſtres de la juſtice, juſqu'à ce que la juſtice elle-même ouvre la bouche à leurs plaintes.

Que quoique les arrêts de la Cour aient preſque toujours maintenu cette maxime dans toute ſa pureté, il faut avouer néanmoins qu'elle a ſouffert quelques atteintes dans des eſpeces particulieres, parce qu'il n'y a point eu juſqu'à préſent de véritable réglement qui l'ait rendue abſolument inviolable. Et comme ils ont l'honneur de parler aujourd'hui dans le tribunal qui repréſente toute la majeſté du Parlement, & auquel seul il appartient de faire des réglemens, ils demandent à la Cour qu'il lui plaise de prêter le secours nécessaire d'une autorité solemnelle à un usage que la raison seule a établi ; & pour mieux marquer encore combien l'honneur des juges inférieurs lui est précieux, ils lui proposeront de renouveller, par ce réglement, les défenses qu'elle a si souvent faites à tous les plaideurs de ne se servir jamais d'aucunes expressions injurieuses capables de blesser la dignité des juges qui auront la disgrace d'être pris à partie. Qu'ils se contentent de jouir de la liberté que l'ordre public leur accorde, de faire descendre leur juge de son tribunal, & de le rendre égal à eux en l'obligeant de devenir leur partie ; mais qu'ils respectent toujours le caractere, dans le tems même qu'ils croient avoir droit de se plaindre de la personne : & qu'ils n'oublient jamais que celui qu'ils attaquent a été autrefois leur juge, toujours digne de respect, par l'honneur qu'il a de porter ce nom, quand même il auroit été assez malheureux pour en abuser.

TREIZIEME DISCOURS.

REQUISITOIRE

Pour l'enregistrement des Lettres-Patentes à la fin d'exécution de la constition de N. S. P. le Pape, au sujet de la condamnation du livre intitulé les Maximes des Saints, *par M. l'Archévêque de Cambrai.*

14 Août 1699.

CE jour, les Grand'Chambre & Tournelle assemblées, les Gens du Roi...... M. HENRI - FRANÇOIS D'AGUESSEAU, Avocat dudit Seigneur Roi, portant la parole, ont dit:

MESSIEURS,

Nous apportons à la Cour des lettres-patentes, par lesquelles il a plu au Roi d'ordonner l'enregistrement & la publication de la constitution de N.S. Pere le Pape, qui condamne le livre intitulé: *Explication des Maximes des Saints sur la vie intérieure*, composé par Messire FRANÇOIS DE SA-

LIGNAC DE FENELON, Archévêque de Cambrai : & nous nous estimons heureux de pouvoir vous annoncer en même-tems la conclusion de cette grande affaire qui, après avoir tenu toute l'Eglise en suspens pendant plus de deux années, lui a donné autant de joie & de consolation dans sa fin, qu'elle lui avoit causé de douleur & d'inquiétude dans son commencement.

Ce saint & glorieux ouvrage, dont le succès intéressoit égalçment la religion & l'état, le sacerdoce & l'empire, est le fruit précieux de leur parfaite intelligence. Jamais les deux puissances suprêmes que Dieu a établies pour gouverner les hommes, n'ont concouru avec tant de zele, disons même avec tant de bonheur, à la fin qui leur est commune, c'est-à-dire, à la gloire de celui qui prononce ses oracles par la bouche de l'Eglise, & qui les fait exécuter par l'autorité des Rois.

Des ténebres d'autant plus dangereuses qu'elles empruntoient l'apparence & l'éclat de la plus vive lumiere, commençoient à couvrir la face de l'Eglise. Les esprits les plus élevés, les ames les plus célestes trompées par les fausses lueurs d'une spiritualité éblouissante, étoient celles qui couroient avec le plus d'ardeur après l'ombre d'une perfection imaginaire : & si Dieu n'avoit abrégé ces jours d'illusion & d'égarement, les élus mêmes, s'il étoit possible de le dire après l'Ecriture, auroient été en danger d'être séduits.

La vérité s'est fait entendre par la voix du Pape, & par celle des Evêques : elle a appellé la lumiere, & la lumiere est sortie du sein des ténebres. Il n'a fallu qu'une parole pour dissiper les nuages de l'erreur ; & le remede a été si prompt & si efficace, qu'il a effacé jusqu'au souvenir du mal dont nous étions menacés.

Un des plus saints pasteurs que Dieu, dans sa miséricorde, ait jamais donnés à son église ; un Pape digne, par son éminente piété, d'être né dans ces siecles heureux, où le ciel mettoit au nombre de ses saints tous ceux que Rome avoit élevés au rang de ses pontifes, est celui que la providence a choisi pour faire ce discernement si nécessaire, mais si difficile; entre la vraie & la fausse spiritualité. La gloire en étoit due à un pontificat si pur, si désintéressé, si pacifique; il semble que Dieu, dont les yeux sont toujours ouverts sur les besoins de son église, ait prolongé les jours en notre saint pontife, qu'il ait ranimé sa vieillesse comme celle de l'aigle, pour parler encore le langage de l'Ecriture, & qu'il lui ait inspiré une nouvelle ardeur à l'extrémité de sa course, pour le mettre en état d'être non-seulement l'auteur, mais le consommateur de ce grand ouvrage.

L'Eglise Gallicane, représentée par les assemblées des Evêques de ses métropoles, a joint son suffrage à celui du saint siege: animée par l'exemple & par les doctes écrits de ces illustres prélats qui se sont déclarés si hautement les zélés défenseurs de la sainte doctrine, elle a rendu un témoignage éclatant de la pureté de sa foi. La vérité n'a jamais remporté une victoire ni si célebre ni si complette sur l'erreur; aucune voix discordante n'a troublé ce saint concert, cette heureuse harmonie des oracles de l'Eglise. Et quelle a été sa joie, lorsqu'elle a vu celui de ses pasteurs dont elle auroit pu craindre la contradiction, si son cœur avoit été complice de son esprit, plus humble & plus docile que la derniere brebis du troupeau, prévenir le jugement des Evêques, se hâter de prononcer contre lui-même une triste mais salutaire censure, & rassurer l'Eglise effrayée de la nouveauté de sa doctrine, par la protestation aussi prompte que solemnelle d'une soumission sans réserve, d'une obéissance sans bornes, & d'un acquiescement sans ombre de restriction !

Que reste-t-il après cela, si ce n'est qu'un Roi, dont le regne victorieux n'a été qu'un long triomphe, encore plus pour la religion que pour lui-même, voulut toujours mériter le titre auguste de protecteur de l'Eglise & d'Evêque extérieur, en joignant les armes visibles de la puissance royale à la force invisible de l'autorité ecclésiastique ?

C'est lui qui, après avoir donné aux Evêques la sainte consolation de traiter en commun des affaires de la foi, ſuivant la pureté de l'ancienne diſcipline, met aujourd'hui le dernier ſceau à leurs délibérations, en ordonnant que la conſtitution du Pape, acceptée par les égliſes de ſon royaume, ſera reçue, publiée, exécutée dans ſes états.

Nous avons vu avec plaiſir les Evêques renouveller, en faveur de ce grand prince, ces ſaintes acclamations, ces vœux ſi tendres & ſi touchans que les conciles genéraux ont faits autrefois en faveur des Empereurs Romains. Qu'il nous ſoit permis d'emprunter auſſi leurs éloquentes expreſſions, & de dire après eux avec encore plus de vérité Graces immortelles au nouveau David, au nouveau Conſtantin, illuſtre par ſes conquêtes, plus illuſtre encore par ſon zele pour la religion. Vainqueur des ennemis de l'état, il triomphe avec plus de joie de ceux de l'égliſe; deſtructeur de l'héréſie, vengeur de la foi, auteur de la paix; plein de ce double eſprit qui forme les grands rois & les grands évêques; roi & prêtre tout enſemble, ce ſont les termes du Concile de Chalcédoine: que la providence qui lui a donné ce cœur royal & ſacerdotal, le conſerve long-tems ſur la terre pour la gloire de la religion, & pour notre bonheur : que le Dieu qu'il fait régner en ſa place, étende le cours de ſa vie au delà des bornes de la nature, & que le Roi du ciel protege toujours celui de la terre. Ce ſont les vœux des paſteurs, ce ſont les prieres des égliſes ; & nous oſons dire, Meſſieurs, que ce ſont encore plus, s'il eſt poſſible, & vos ſouhaits & les nôtres.

Ne craindrons-nous point de mêler à des applaudiſſemens ſi juſtement mérités, les proteſtations ſolemnelles que le public attend de nous dans cette occaſion, contre les conſéquences que l'on pourroit tirer un jour de l'extérieur & de l'écorce d'une conſtitution qui ne renferme rien dans ſa ſubſtance que de ſaint & de vénérable.

Mais ſans atteſter ici avec nos illuſtres prédéceſſeurs la foi de ce ferment inviolable qui nous a dévoués à la défenſe des droits ſacrés de l'égliſe & de l'état, ne nous ſuffit-il pas de pouvoir nous rendre ce témoignage à nous-mêmes que nous marchons avec autant de confiance que de ſimplicité dans la route que nos pasteurs nous ont tracée ?

Comme eux nous adhérons à cette doctrine si pure que le chef de l'église, le successeur de Saint Pierre, le vicaire de Jesus-Christ, le pere commun de tous les fideles, vient de confirmer par sa décision.

Mais comme eux aussi, & nous devons dire même encore plus qu'eux, nous sommes obligés de conserver religieusement le dépôt précieux de l'ordre public, que le Roi veut bien confier à notre ministere, & de le transmettre à nos successeurs aussi pur, aussi entier, aussi respectable que nous l'avons reçu de ceux qui nous ont précédé.

Après cela, nous ne nous engagerons point dans de longues dissertations, ni sur la forme générale de la constitution dont nous venons au nom du Roi requérir l'enregistrement, ni sur les clauses particulieres qu'elle renferme.

Nous savons que le pouvoir des Evêques & l'autorité attachée à leur caractere, d'être juges des causes qui regardent la foi, est un droit aussi ancien que la religion, aussi divin que l'institution de l'épiscopat, aussi immuable que la parole de Jesus-Christ même.

Que cette doctrine établie par l'écriture, confirmée par le premier usage de l'église naissante, soutenue par l'exemple de ce qui s'est passé d'âge en âge & de génération en génération dans les causes de la foi, transmise jusqu'à nous par les Peres & par les Docteurs de l'église, enseignée par les plus saints Papes, attestée dans tous les siecles par la bouche de ceux qui composent la chaîne indissoluble de la tradition, & sur-tout par les témoignages anciens & nouveaux de l'église de France, n'a pas besoin du secours de notre foible voix, pour être regardée comme une de ces vérités capitales que l'on ne peut attaquer sans ébranler l'édifice de l'église dans ses plus solides fondemens.

Que si des esprits peu éclairés avoient besoin de preuves pour être convaincus de cette grande maxime, il suffiroit de les renvoyer aux savans actes de ces assemblées provinciales que la postérité conservera comme un monument glorieux des lumieres & de l'érudition de l'Eglise Gallicane.

C'est là qu'ils apprendront beaucoup mieux que dans nos paroles, quelle multitude de faits, quelle nuée de témoins s'élevent en faveur de l'unité de l'episcopat.

C'est-là qu'ils reconnoîtront que si la division des royaumes, la distance des lieux, la conjoncture des affaires, la grandeur du mal, le danger d'en différer le remede, ne permettent pas toujours de suivre l'ancien ordre & les premiers vœux de l'église, en assemblant les Evêques ; il faut au moins qu'ils examinent séparément ce qu'ils n'ont pu décider en commun; & que leur consentement exprès ou tacite imprime à une décision vénérable par elle-même le sacré caractere d'un dogme de foi.

Et soit que les Evêques de la province étouffent l'erreur dans le lieu qui l'a vu naître, comme il est presque toujours arrivé dans les premiers siecles de l'église ; soit qu'ils se contentent d'adresser leurs consultations au souverain Pontife sur des questions dont ils auroient pu être les premiers juges, comme nous l'avons vu encore pratiquer dans ce siecle ; soit que les Empereurs & les Rois consultent eux-mêmes & le Pape & les Evêques, comme l'Orient & l'Occident en fournissent d'illustres exemples ; soit enfin que la vigilance du saint siege prévienne celle des autres églises, comme on l'a souvent remarqué dans ces derniers tems ; la forme de la décision peut être différente, quand il ne s'agit que de censurer sa doctrine, & non pas de condamner la personne de son auteur ; mais le droit des Evêques demeure inviolablement le même, puisqu'il est vrai de dire qu'ils jugent toujours également, soit que leur jugement précede, soit qu'il accompagne ou qu'il suive celui du premier siege.

Ainsi au milieu de toutes les révolutions qui alterent souvent l'ordre extérieur des jugemens, rien ne peut ébranler cette maxime incontestable qui est née avec l'église, & qui ne finira qu'avec elle, que chaque siege, dépositaire de la foi & de la tradition de ses peres, est en droit d'en rendre témoignage, ou séparément, ou dans l'assemblée des Evêques ; & que c'est de ces rayons particuliers que se forme ce grand corps de lumiere qui, jusqu'à la consommation des siecles, fera toujours trembler l'erreur & triompher la vérité.

Nous sommes même persuadés que jamais il n'a été moins nécessaire de rappeller ces grands principes de l'ordre hiérarchique, que sous le sage pontificat du Pape qui nous gouverne.

Successeur des vertus encore plus que de la dignité du grand saint Grégoire, il croiroit, comme ce saint Pape, se faire injure à lui-même, s'il donnoit la moindre atteinte au pouvoir de ses freres Evêques, *Mihi injuriam facio, si fratrum meorum jura perturbo.* Il sait, comme lui, que l'honneur de l'église universelle est son plus grand honneur ; que la gloire des Evêques est sa véritable gloire ; & que plus on rehausse l'éclat de leur grandeur, plus on releve la dignité de celui que la providence divine a certainement placé au-dessus d'eux.

Il aspire à être aussi saint, mais non pas plus puissant dans l'église, que ces fermes

fermes colonnes de la vérité, saint Innocent, saint Léon, saint Martin, & tant d'autres saints pontifes qui, tous également assis dans la chaire du Prince des Apôtres, n'ont pas cru avilir la dignité du saint siege, lorsqu'ils ont jugé que le suffrage des Evêques devoit affermir irrévocablement l'autorité de leur décision; & que c'étoit à ce caractere sensible d'une parfaite union des membres avec leur chef, que tous les Chrétiens étoient obligés de reconnoître la voix de la vérité, & le jugement de Dieu même.

Nous pourrions donc dire avec confiance qu'il ne seroit pas absolument nécessaire de protester ici en faveur du pouvoir & de l'autorité des Evêques, si nous étions assurés d'obtenir toujours de la faveur du ciel un Pape semblable à celui qu'il laisse encore à la terre.

Mais comme les tems ne seront peut-être pas aussi tranquilles, aussi éclairés, aussi heureux que ceux dans lesquels nous vivons, nous ne pouvons nous dispenser, Messieurs, de vous supplier ici de prévenir par une modification salutaire les avantages que l'ignorance ou l'ambition des siecles à venir pourroit tirer un jour de ce qui s'est passé touchant la constitution du Pape que nous avons l'honneur de vous présenter.

Dispensateurs d'une portion si considérable de l'autorité du Roi, consacrez-la, comme lui, à la défense & à la gloire de l'église; conciliez, par un sage tempérament, les intérêts du Pape avec ceux des Evêques; recevez son jugement avec une profonde vénération : mais, sans affoiblir l'autorité des autres pasteurs, que le Pape soit toujours le plus auguste, mais non pas l'unique juge de notre foi; que les Evêques soient toujours assis après lui, mais avec lui, pour exercer le pouvoir que Jésus-Christ leur a donné en commun d'instruire les nations, & d'être dans tous les tems & dans tous les lieux les lumieres du monde.

Après avoir envisagé la constitution que nous apportons à la Cour par rapport à la forme générale de la décision, deux clauses particulieres qui y sont insérées attirent encore l'attention de notre ministere.

L'une eſt la clauſe qui porte que la conſtitution eſt émanée *du propre mouvement de ſa ſainteté.*

Clauſe qui ne s'accorde ni avec l'ancien uſage de l'égliſe, ſuivant lequel les déciſions du Pape devoient être formées dans ſon Concile; ni avec la diſcipline préſente, dans laquelle cet ancien Concile eſt repréſenté par le college des Cardinaux.

Clauſe que les Docteurs ultramontains ont même regardée comme peu honorable au ſaint ſiege; puiſque, ſelon eux, dans ſa premiere origine, elle faiſoit conſidérer la déciſion du Pape, plutôt comme l'ouvrage d'un Docteur particulier, que comme le jugement du Chef de l'égliſe.

Clauſe enfin contre laquelle nos peres ſe ſont élevés en 1623 & en 1646, & qui, quoique beaucoup plus innocente dans la conjoncture de cette affaire, ne doit jamais être approuvée parmi nous, quand même on ne pourroit lui oppoſer que la crainte des conſéquences.

L'autre clauſe eſt celle qui prononce une défenſe générale de lire le livre condamné, *même à l'égard de ceux qui ont besoin d'une mention expresse.*

Il seroit inutile de s'étendre ici sur la nouveauté & sur les inconvéniens de cette clause. Vous savez, Messieurs, de quelle importance il est de ne se relâcher jamais de l'observation exacte de ces grands maximes, que les Papes eux-mêmes nous ont enseignées lorsqu'ils ont reconnu qu'il y a des personnes qui ne sont jamais comprises ni dans les décrets du saint siege, ni dans les canons des Conciles, quelque générale que soit leur disposition, si elles n'y sont nommément & expressément désignées.

Nous sommes convaincus que l'on n'abusera jamais de ce style nouveau, qui semble donner atteinte indirectement à cette maxime inviolable; & trop de raisons nous empêchent de craindre un pareil abus, pour vouloir en relever ici les conséquences.

Mais quelque assurance que nous ayions sur ce sujet, nous manquerions à ce que nous devons au Roi, au public, à nous-mêmes, si nous ne déclarions au moins que nous ne pouvons approuver une clause qu'il nous ſuffit de regarder comme nouvelle pour ne la pas recevoir.

Telles ſont, Meſſieurs, toutes les obſervations que notre devoir nous oblige de faire, & ſur la forme générale, & ſur les clauſes particulieres de la conſtitution. Nous n'avons eu qu'un ſeul but en vous les expliquant; & tout ce que notre miniſtere exige de nous, après l'acceptation ſolemnelle des égliſes de France, ſe réduit à vous propoſer aujourd'hui d'imiter cette ſimple mais utile proteſtation que nous trouvons dans les ſouſcriptions d'un ancien Concile d'Eſpagne: *Salvâ priſcorum canonum auctoritate.*

C'eſt ſur ce modele que nous avons cru devoir former les concluſions que nous avons priſes par écrit en la maniere accoutumée; nous les dépoſons entre vos mains, & nous les ſoumettons avec reſpect à la ſupériorité de vos lumieres.

C'eſt par vos yeux que le Roi veut examiner l'extérieur & la forme du bref que nous vous apportons: c'eſt à vous qu'il confie la défenſe des droits ſacrés de ſa couronne, &, ce qui ne lui eſt pas moins cher, la conſervation des ſaintes libertés de l'Eglise Gallicane : persuadé que, bien loin d'altérer cette heureuse concorde que nous voyons régner entre l'empire & le sacerdoce, vous l'affermirez par la sagesse de vos délibérations, afin que les vœux communs de l'église & de l'état soient également exaucés ; & que ne séparant plus les ouvrages de deux puissances qui procedent du même principe, & qui tendent à la même fin, nous respections en même-tems, selon la pensée d'un ancien auteur ecclésiastique, & la majesté du Roi dans les décrets du souverain Pontife, & la sainteté du souverain Pontife dans les ordonnances du Roi : *Ita sublimes istæ personæ tantâ unanimitate jungantur, Rex in Romano Pontifice, & Romanus Pontifex inveniatur in Rege.*

C'est dans cette vue que nous requérons qu'il plaise à la Cour ordonner que les lettres-patentes du Roi en forme de déclaration, & la constitution du Pape, seront enrégistrées, lues & publiées en la maniere ordinaire, aux charges portées par les conclusions que nous remettons entre ses mains avec les lettres-patentes & la constitution.

QUATORZIEME DISCOURS.

REQUISITOIRE

Pour la ſuppreſſion d'un libelle contre Monſieur l'Archevêque de Paris.

Dix Janvier 1699.

CE jour les Gens du Roi ſont entrés, & M. HENRI-FRANÇOIS D'AGUESSEAU, Avocat dudit Seigneur Roi, portant la parole, ont dit à la Cour : qu'ils ont appris que depuis quelques jours on a répandu dans Paris, par des voies indirectes, un écrit qu'on ne peut regarder que comme un libelle diffamatoire, imprimé ſans aucun nom d'Auteur ni d'Imprimeur, ſans privilege ni permiſſion, dont le titre eſt conçu en ces termes : *Problême Eccléſiaſtique propoſé à M. l'Abbé Boileau de l'Archevêché, à qui l'on doit croire, de Meſſire Louis-Antoine de Noailles, Evêque de Châlons en 1695, ou de Meſſire Louis-*

Antoine de Noailles, Archevêque de Paris en 1696.

Que l'Auteur de cette piece, dont le titre est une injure, entreprend d'y faire un parallele odieux de deux livres, l'un approuvé, & l'autre censuré par M. l'Archevêque de Paris; le premier, dans le tems qu'il étoit encore Evêque de Châlons; le second, depuis que, pour le bien général de l'église, & pour le bonheur particulier de ce diocese, la piété & la sagesse du Roi l'ont élevé à la dignité d'Archevêque de la capitale de son royaume.

Qu'après avoir fait une comparaison si injurieuse, celui qui a composé ce libelle, se récrie qu'*il n'est pas possible d'accorder ensemble l'Evêque & l'Archevêque*. Il appelle en jugement, non-seulement la foi & la religion, mais, si on l'ose dire, la raison même & la sagesse de ce prélat. Il l'accuse tantôt d'hérésie, & tantôt de variation. D'un côté, il insinue qu'on le doit envisager comme un Archevêque qui mérite d'être *mis au nombre des hérétiques convaincus d'une doctrine abominable & impie*, comme un *des plus déclarés*

Jansénistes qui aient jamais été, digne d'être placé *à la tête de cette secte*; & de l'autre, il le représente comme un prélat d'une doctrine chancelante, incertaine, contraire à elle-même; comme un juge qui approuve ce qu'il doit condamner, & qui condamne ce qu'il a approuvé; hérétique quand il approuve, & téméraire quand il condamne; également incapable de constance, & dans le parti de l'erreur, & dans celui de la vérité.

Que c'est ainsi que, pendant que M. l'Archevêque de Paris donne tous les jours à l'église des gages précieux de la sainteté & de l'uniformité de sa doctrine, par celle de sa vie, un simple particulier sans caractere, sans pouvoir, & peut-être sans capacité, s'érige un tribunal supérieur à celui d'un grand Archevêque; & qu'au lieu de recevoir ses décisions avec déférence, il veut se rendre juge des juges mêmes de la foi.

Que, quelque respect qu'ils aient pour la personne du Prélat que l'on attaque avec tant d'indignité, ils ne craindront point de dire qu'un intérêt encore plus grand, un motif plus presſant & plus élevé, excite leur zele en cette occaſion. Le public demande par leur bouche que la Cour, dépoſitaire de la juſtice ſouveraine d'un Roi qui s'honore moins de ce nom, que du titre auguſte de protecteur de l'égliſe, emploie toute l'autorité qu'il lui plaît de confier à ſes premiers magiſtrats, pour réprimer enfin la licence criminelle que l'on ſe donne, depuis quelque tems, de ſemer adroitement des écrits injurieux à la dignité épiſcopale : libelles véritablement ſéditieux, dont l'unique but eſt de troubler la paix de l'égliſe ; de renouveller témérairement ces diſputes dangereuſes que la prudence du Roi a heureuſement proſcrites de ſes Etats ; de diviſer le paſteur & le troupeau ; de décrier l'un, de révolter l'autre ; & de rompre ces liens de reſpect, d'eſtime, de confiance, qui ſont un des plus ſolides fondemens de la puiſſance eccléſiaſtique.

Que la voie dont on ſe ſert pour répandre ces écrits, eſt auſſi criminelle que les écrits mêmes. Les plus ſages précautions des loix, la vigilance la plus infatigable de leurs miniſtres, ſont éludées par la facilité que l'on trouve d'envoyer ces libelles dans des paquets cachetés, où l'on diſtribue, s'il eſt permis de parler ainſi, le poiſon tout préparé. Quelques eſprits éclairés le rejettent : mais combien y en a-t-il de foibles, de prévenus, de mal intentionnés, qui le reçoivent avidement!

Qu'ils ignorent quels ſont les auteurs & les complices de ce myſtere d'iniquité; & que tout ce qu'ils en peuvent dire préſentement, eſt qu'un Archevêque du caractere de celui qui eſt l'objet d'une ſi noire calomnie, ne peut avoir d'autres ennemis que ceux de l'égliſe. Mais ſi la perſonne du coupable eſt encore inconnue, ſon crime eſt toujours certain; le libelle porte avec ſoi & ſa conviction & ſa condamnation; & la juſtice peut imprimer dès à préſent ſur l'ouvrage une note d'infamie qui rejailliſſe un jour ſur le front de ſon auteur. Les Empereurs Romains ont cru que le feu devoit conſumer les libelles diffamatoires, pour abolir, s'il eſt poſſible, & pour effacer juſqu'au ſouvenir de ces ouvrages de ténebres. La Cour, qui a imité plusieurs fois la sainte & salutaire sévérité de ces loix, encore plus utiles que rigoureuses, ne le sauroit faire dans une conjoncture plus importante que celle qui se présente aujourd'hui; puisqu'il s'agit d'arrêter ce torrent de libelles téméraires qui ont inondé notre siecle; d'assurer l'honneur & le respect qui est dû aux supérieurs ecclésiastiques; de faire révérer l'autorité de leurs jugemens, &, pour dire encore quelque chose de plus, d'affermir par un exemple éclatant, la paix & la tranquillité de l'église.

Et ont requis qu'il plût à la Cour ordonner que ledit libelle diffamatoire sera lacéré & brûlé en la cour du Palais, au pied du grand escalier d'icelui, par l'exécuteur de la haute justice: faire défenses à tous Imprimeurs & Libraires de l'imprimer, vendre & débiter; & à toutes autres personnes, de quelque qualité & condition qu'elles soient, de le distribuer ou communiquer, sous les peines portées par les ordonnances: enjoindre à tous ceux qui en ont des exemplaires de les apporter au Greffe de la

Cour, pour y être supprimés : ordonner qu'il sera informé à la requête de M. le Procureur-Général pardevant tel des Conseillers de la Cour qui sera commis, tant contre ceux qui ont composé ledit libelle, que contre ceux qui l'ont imprimé, débité, distribué & envoyé dans les maisons; & à cette fin, qu'il lui soit permis d'obtenir & faire publier monitoires en forme de droit : pour, le tout fait, rapporté & à eux communiqué, être par eux pris telles conclusions qu'ils aviseront bon être.

Et après avoir laissé ledit libelle sur le bureau, ils se sont retirés.

Lecture faite dudit libelle, la matiere mise en délibération :

La Cour, faisant droit sur le requisitoire des Gens du Roi, ordonne que ledit libelle sera lacéré & brûlé devant la principale porte de l'église de Paris, par l'exécuteur de la haute-justice : fait défenses à tous Libraires & Imprimeurs de l'imprimer, vendre & débiter ; à toutes personnes de le distribuer, soit manuellement, ou en l'envoyant par la poste ou autrement dans des paquets, & en quelque maniere que ce puisse être, sous les peines portées par les ordonnances: enjoint à tous ceux qui en ont des exemplaires, de les remettre incessamment au Greffe de la Cour, pour y être supprimés : ordonné qu'il sera informé, à la requête du Procureur-Général du Roi, pardevant l'un des Conseillers de ladite Cour qui sera commis, contre ceux qui ont composé, imprimé, distribué & envoyé ledit libelle en cette ville de Paris & ailleurs : lui permet d'obtenir à cet effet, & faire publier monitoires en forme de droit; pour ce fait, communiqué au Procureur-Général du Roi, être ordonné ce qu'il appartiendra : & que les ordonnances contre ceux qui composent, impriment & distribuent des libelles diffamatoires, seront de nouveau publiées à son de trompe & cri public, par les carrefours de cette ville de Paris, & partout ailleurs où besoin sera.

QUINZIEME DISCOURS A MESSIEURS *DE LA CHAMBRE* DE JUSTICE,

En leur annonçant la ſuppreſſion de cette Chambre.

Du 22 Mars 1717.

JE viens vous annoncer la fin de vos travaux, & vous marquer en même-tems ce qui ne doit point finir, je veux dire la ſatisfaction que le Roi & M. le Régent conſerveront toujours du zele & du courage avec lequel vous avez fourni une triſte carriere.

Les peuples de ce royaume, depuis long-tems en proie à l'avidité de leurs citoyens, demandoient des vengeurs; vous avez été choiſis pour exercer ce miniſtere redoutable, & le public a applaudi à un choix qui remettoit ſes intérêts en de ſi dignes mains.

Mais vous ſavez que les remedes mêmes peuvent quelquefois devenir des maux, quand ils durent trop long-tems. A la vue d'une multitude de criminels qui, par le mélange du ſang & des fortunes, ont ſu intéreſſer juſqu'aux parties ſaines de l'état, le public effrayé tombe dans une eſpece de conſternation & d'abattement, qui retarde les opérations, & qui fait languir tous les mouvemens du corps politique. Tel eſt même le caractere du peuple, qui, toujours ſujet à l'inconſtance, paſſe aiſément de l'excès de la haine à l'excès de la compaſſion : il aime le ſpectacle d'un châtiment prompt & rigoureux, mais il ne peut en ſoutenir la durée ; & laiſſant bientôt affoiblir ſa premiere indignation contre les coupables, il s'accoutume preſque à les croire innocents, lorſqu'il les voit long-tems malheureux.

C'eſt à la prudence du ſouverain qu'il eſt réſervé d'étudier ces divers mouvemens ; de ſavoir changer en régime des remedes trop forts pour la diſpoſition du malade ; & de tempérer tellement la ſévérité avec l'indulgence, que la rigueur de l'une contienne les hommes dans les bornes du devoir, & que la douceur de l'autre rétabliſſe dans les eſprits une confiance non moins néceſſaire que la crainte pour la gloire & pour la félicité du gouvernement.

Ainſi la même ſageſſe qui a donné l'état à la Chambre de Juſtice, en ordonne aujourd'hui la fin, & vous renvoie à des fonctions plus douces, mais non pas moins importantes; où, à l'exemple des grands magiſtrats que le Roi avoit mis à votre tête, vous porterez toujours le même eſprit de juſtice, le même amour du bien public dont vous avez été animés juſqu'à préſent.

Il auroit été plus avantageux pour le public, plus honorable pour cette compagnie, que la même voix qui forma ſon union eût pu auſſi vous annoncer ſa ſéparation. Mais puiſque, par un événement imprévu, & par un choix auſſi peu deſiré que mérité, je me trouve aujourd'hui honoré de cette fonction, j'oſe vous aſſurer au moins que perſonne ne pouvoit vous donner avec plus de plaiſir les éloges qui ſont dûs à vos ſervices, & à un zele ſupérieur aux ſervices mêmes.

Si ſon étendue n'a pu être entiérement remplie, vous aurez du moins la ſatisfaction précieuſe à des gens de bien, d'avoir arrêté le cours d'une déprédation que le malheur des tems ſembloit avoir miſe au-deſſus des loix: & vous emporterez avec vous la conſolation de ſentir que la date de la Chambre de Juſtice va devenir une époque mémorable, par laquelle on marquera déſormais le tems où la regle a ſuccédé à la licence, l'ordre à la confuſion, la lumiere à l'obſcurité; & où la ſageſſe qui nous gouverne, affranchie de la dure néceſſité de ſe faire craindre par la rigueur des peines, n'aura plus que le plaiſir de ſe faire révérer par ſes bienfaits, &, toujours appliquée au ſoulagement des peuples, goûtera la gloire ſolide d'avoir établi la grandeur du Roi ſur le bonheur de ſes ſujets.

*

INSTRUCTIONS

SUR

L'ÉTUDE ET LES EXERCICES

Qui peuvent préparer aux fonctions d'Avocat du Roi, 1719.

Un jeune homme qui se destine à remplir bientôt la charge d'Avocat du Roi au Châtelet, & qui desire encore plus d'y réussir, doit s'y préparer en deux manieres différentes; je veux dire par l'étude, & par une espece de pratique ou d'exercice anticipé, comme je l'expliquerai dans la suite : l'un sans l'autre ne l'y disposeroit qu'imparfaitement.

ÉTUDE.

Savoir le fond des matieres, ou du moins les principes généraux; y joindre l'art d'expliquer ses pensées, ses preuves, ses raisonnemens, d'une maniere propre à convaincre & à plaire pour persuader : c'est ce qui forme le partage naturel de ſon étude ou de ſa ſcience; & c'eſt à ces deux objets qu'il doit rapporter tous ſes travaux.

PREMIER OBJET.

Etude du fond des matieres.

Trois ſortes de juriſprudences, c'eſt-à-dire, le droit Romain, le droit Eccléſiaſtique, le droit François, lui ouvrent un champ aſſez vaſte pour ne pas ajouter encore le droit public, dont il faut remettre l'étude à un autre tems.

Droit Civil ou Romain.

Ce que l'on apprend de ce droit dans les écoles, eſt plutôt une préparation à l'étude qu'une étude véritable; & l'on ſe tromperoit fort, ſi l'on regardoit le titre de licencié comme une diſpenſe de continuer, ou plutôt de commencer à fond l'étude ſolide d'une juriſprudence qui eſt la baſe de toutes les autres. Les principes en ſont puiſés dans la ſource la plus pure, c'eſt-à-dire, dans la loi, ou dans l'équité naturelle; & ils ne s'appliquent pas moins aux queſtions du droit Eccléſiaſtique & du droit François, qu'à celles qui naiſſent du droit Romain même.

La meilleure maniere de ſe remplir de ces principes, eſt de les étudier dans le texte même des loix, beaucoup plus que dans les interprêtes; dont la lecture ſeroit immenſe & peu utile, quelquefois même dangereuſe par la confuſion qu'elle met ſouvent dans les idées de ceux qui veulent ſavoir le droit par autorité, plutôt que par raiſon.

Mais l'étude même des ſeuls textes ſeroit bien longue, s'il falloit l'embraſſer toute entiere; & elle demande d'ailleurs d'être ſuivie avec un ordre qui faſſe bien ſentir l'enchaînement des principes, & qui contribue beaucoup à les faire retenir. Ainſi tout ce qui regarde cette étude peut ſe réduire à deux points.

Le premier eſt de choiſir les matieres qui ſont d'un plus grand uſage, & où l'on reconnoît plus aiſément ces premieres regles du droit naturel qui distingue la jurisprudence Romaine de toutes les autres.

Le deuxieme est de prendre pour guide celui qui a traité ces matieres avec le plus de méthode, & toujours dans la vue de les ramener à ce droit primitif, qui doit être aussi commun à toutes les nations que la justice même : on entend bien que c'est de M. Domat que je veux parler. On peut en effet l'appeller le jurisconsulte des magistrats ; & quiconque posséderoit bien son ouvrage, ne seroit peut-être pas le plus profond des jurisconsultes ; mais il seroit le plus solide & le plus sûr de tous les juges.

Si le jeune homme que j'ai en vue dans cet écrit veut le devenir, la matiere des contrats & des obligations sera celle à laquelle il s'attachera d'abord dans l'étude du droit Romain, en y joignant celle des restitutions en entier, qui est aussi fondée sur les premieres notions de la justice naturelle, & qui est d'un usage continuel au Châtelet. Les matieres des testamens & des successions viendront ensuite : mais comme, dans cette seconde espece de matieres, il y a plus de mélange d'un droit arbitraire & positif avec celui qui eſt vraiment immuable & naturel, le bon ordre exige que l'on commence par les premieres.

Pour le faire avec fruit, il faudroit lire d'abord avec attention ce que M. Domat a écrit, ſoit ſur les engagemens en général, ſoit ſur chaque eſpece de convention particuliere, ſoit ſur ce qu'il appelle les ſuites ou l'acceſſoire des engagemens, en s'attachant ſur-tout à bien méditer les préfaces qu'il a miſes à la tête de chaque titre. Non-ſeulement elles en renferment toute la ſubſtance; mais, par la généralité des idées ou des réflexions qu'elles préſentent à un eſprit attentif, elles lui donnent de l'étendue & de l'élévation, ſoit en l'accoutumant à embraſſer également toutes les parties d'un ſeul tout, ſoit en lui faiſant prendre l'habitude de remonter toujours juſqu'aux premiers principes; en ſorte que, comme ils ſont ſouvent communs à pluſieurs matieres différentes, on eſt étonné dans la ſuite, ou plutôt on reconnoît avec plaiſir que l'on ſait preſque ces matieres avant que de les avoir étudiées en particulier.

A mesure qu'on aura lu un titre de M. Domat, il sera tems de lire attentivement les loix des titres du Digeste & du Code qui y répondent, & auxquelles M. Domat renvoie le lecteur, & de faire alors la critique ou le supplément de cet auteur.

La critique, si l'on croit qu'il ne soit pas assez entré dans le véritable esprit de la regle qu'il tire du droit civil, ou qu'il ne l'ait pas assez dévéloppée.

Le supplément, s'il a omis quelqu'un des principes de la matiere qu'il traite, ou s'il a négligé d'en tirer quelqu'une des conséquences importantes qui en résultent.

De toutes les manieres de faire une étude suivie du droit Romain, c'est celle qui paroît la plus courte & la plus facile, & en même-tems la plus utile, sur-tout quand il ne s'agit encore que de s'affermir dans la connoissance des regles générales. Il viendra un tems où il faudra sans doute, pour approfondir les questions particulieres qui se présenteront dans l'exercice l'exercice de la magiſtrature, étudier les interprêtes du droit, & ceux qui ont fait des traités ſur les différentes matieres de la juriſprudence. Mais le partage naturel des travaux d'un magiſtrat eſt de s'attacher preſque uniquement aux ſources, pour ſe faire le fonds de cette ſcience qui lui eſt néceſſaire ; & de les ſuivre juſqu'aux ruiſſeaux les plus éloignés qui en dérivent, lorſqu'il s'agit de réſoudre une queſtion particuliere.

Mais, comme le premier point eſt à préſent notre unique objet, la ſeule choſe qu'on peut ajouter ici ſur la méthode d'étudier les textes du droit Romain avec M. Domat, c'eſt que, dans cette étude, on ne ſauroit être trop attentif à remarquer tout ce qui peut former un axiome ou une regle générale du droit, ſoit dans la déciſion même, ſoit dans la raiſon de la déciſion.

On ſe mettroit par-là en état de faire ſucceſſivement un ouvrage qui ſeroit d'une grande utilité; ce ſeroit le ſupplément du titre du Digeſte, *de diverſis Regulis Juris antiqui*, qui a deux grands défauts :

L'un, de ne tenir que très-imparfaitement ce qu'il promet, parce qu'il y manque un grand nombre de regles qui y tiendroient auſſi bien & peut-être mieux leur place que celles qui y ſont recueillies :

L'autre, de n'avoir aucun ordre : & c'eſt ce qui fait que ces regles demeurent beaucoup moins dans l'eſprit, que ſi le jugement, encore plus que la mémoire, aidoit à les y conſerver.

Si l'on pouvoit corriger ces deux défauts, ſoit en raſſemblant toutes les regles qui manquent dans le titre *de Regulis Juris*, & qui ſont diſperſées dans d'autres titres, ſoit en les diſtribuant par matieres dans leur ordre & dans leur enchaînement naturel, on auroit l'avantage de recueillir dans un très-petit volume toute la ſubſtance & comme tout l'eſprit de ces principes généraux qui ſont dictés par la loi naturelle, & qui influent dans toutes les déciſions des Juges.

L'ouvrage de M. Domat, qui a pour titre, *Legum Delectus ;* le *Manuale Juris* de Jacques Godefroi ; ſon commentaire, & celui de Petrus Faber sur le titre *de Regulis Juris*, peuvent être d'une grande utilité, si l'on a le courage de suivre cette vue.

Au reste, avant-que de finir ici ce qui regarde l'étude du droit Romain, il est bon de faire remarquer qu'en excluant, comme on l'a fait, la lecture des interprêtes de ce droit, on n'a pas prétendu mettre au nombre des auteurs proscrits quant à présent, les Notes abrégées de Denis Godefroi; les Commentaires de M. Cujas, & sur-tout ceux qu'il a faits sur les loix de Papinien; enfin le Commentaire de Jacques Godefroi sur le Code Théodosien. Ce sont des livres qu'on ne sauroit trop lire & relire; ils suffiroient presque seuls pour donner la plus parfaite & même la plus profonde intelligence des principes du droit Romain.

Droit Ecclésiastique.

Il n'est pas tems encore de former un plan entier de l'étude de ce droit, à laquelle il faut nécessairement que celles qui sont plus pressées fassent une espece de tort, mais à condition que ce tort sera réparé dans la suite.

On se réduira donc ici à ce qui est absolument essentiel pour avoir des notions générales du droit Ecclésiastique, qui puissent au moins mettre notre futur Avocat du Roi en état d'étudier les questions qui se présenteront dans cette matiere.

La premiere lecture qu'il doit faire est celle des institutions de M. l'Abbé Fleury.

Il faut y joindre le livre de M. le Vayer sur l'autorité des Rois dans l'administration de l'église Gallicane, pour commencer à se former une juste idée de la distinction des deux puissances.

Lire ensuite l'histoire de la Pragmatique Sanction & du Concordat, faite par M. du Puy; & le texte de l'une & de l'autre: à quoi l'on peut ajouter la lecture des pieces que M. Doujat a fait imprimer dans son *Specimen Juris Canonici.*

Sans se jetter encore dans une étude profonde des libertés de l'église Gallicane, il suffira d'en prendre une légere teinture en lisant l'édition *in*-4°. des Articles de M. Pithou, avec les notes abrégées qui y sont mises.

Enfin, pour entrer plus avant dans le fond des matieres, & se former une suite & comme un corps des principes du droit Ecclésiastique, la meilleure ou la moins défectueuse lecture que l'on puisse faire, est celle de Van Espen, en commençant par son traité *de promulgatione Legum Ecclesiasticarum*, & en passant à l'ouvrage qui a pour titre, *Jus Ecclesiasticum universum*. Mais, pour mettre cette lecture à profit, il seroit bon de faire un extrait fort court du dernier ouvrage, en n'y marquant que les définitions, les regles ou les maximes qui résultent de chaque titre, avec des renvois aux autorités sur lesquelles ces maximes sont fondées, à-peu-près de la même maniere que M. Domat a mis ses citations au bas de chaque article de ses titres. Ce travail seroit suffisant pour préparer à une étude plus profonde du droit Ecclésiastique, & pour mettre en état de traiter les questions qui se présentent quelquefois au Châtelet sur des matieres bénéficiales. On se formeroit même par-là une espece de canevas auquel on rapporteroit toutes les connoiſſances qu'on acquerroit dans la ſuite : & en y faiſant ſucceſſivement des additions, des critiques, des corrections, on parviendroit à avoir quelque jour un précis excellent de toutes les regles qu'on doit ſuivre dans les matieres canoniques. Enfin, pour approprier davantage ce travail à nos uſages, il ne faudra pas manquer, à meſure qu'on lira une matiere dans Van Eſpen, d'y joindre les articles de nos ordonnances qui peuvent y avoir rapport, ſoit que cet auteur les cite, ou qu'il ne les cite pas; & l'on ne ſauroit ſe rendre ces ordonnances trop familieres.

Droit François.

Comme le tems manque pour embraſſer toute l'étendue de ce droit, on ſe réduira ici au néceſſaire, de même que l'on a fait ſur ce qui regarde le droit Eccléſiaſtique.

On diſtingue deux ſources différentes du droit François, les coutumes & les ordonnances. Je nomme les coutumes les premieres, parce qu'elles demandent un travail plus considérable.

Mais il y a une introduction qui leur est commune ; c'est l'histoire du droit François, & les institutions au même droit. M. l'Abbé Fleury a fait l'une : & à l'égard des institutions, celle de M. Argou, Avocat, est plus qu'aucune autre à la portée des commençants. On y joindra dans la suite celle de Coquille, qui est plus savante & plus instructive, mais dont la lecture sera mieux placée & plus utile, lorsqu'on aura déja fait quelque progrès dans l'étude du droit François.

Les Regles de Loisel avec les Commentaires de M. Lauriere donneront ensuite des notions plus recherchées & plus doctes de l'origine des antiquités, & de l'esprit général du droit coutumier auquel je m'attache à présent, avant que de passer à ce qui regarde les ordonnances de nos Rois.

L'étude particuliere de la coutume de Paris est absolument nécessaire à un Avocat du Roi au Châtelet ; & cette étude doit avoir pour objet une exacte intelligence du texte.

Le Commentaire qui la facilite & qui la fixe le plus eſt celui de M. de Lauriere, ſur lequel cependant il eſt permis de n'être pas toujours de ſon ſentiment.

On peut lire enſuite celui d'un Avocat nommé le Maître, pour avoir une idée générale de la plupart des queſtions qu'on y agite ſur la coutume de Paris, & de la juriſprudence la plus commune ſur la maniere de les décider.

Le Commentaire de Dupleſſis trouvera alors ſa place. Quoique ce ne ſoit pas un ouvrage ſans défaut, & que les ſentimens de cet auteur n'aient pas toujours été ſuivis, il eſt cependant utile de le lire de ſuite, pour apprendre à traiter les queſtions avec cette clarté qui en fait le principal mérite : & ſi l'on y deſireroit plus de ſolidité & de profondeur, on peut profiter beaucoup en le liſant, au moins par rapport à la méthode & à la maniere de diſcuter les principes du droit coutumier.

Avec ces ſecours, on aura acquis aſſez de connoiſſances pour être en état d'approfondir les queſtions particulieres, sur-tout en y joignant des conférences sur la coutume avec de jeunes avocats & de jeunes magistrats qui aient vraiment envie de travailler & de s'instruire : rien n'est plus propre à ouvrir l'esprit, & à le familiariser avec un droit qui consiste plus en usages & en décisions particulieres, que dans des principes immuables ou dans des conséquences directement tirées des regles de la justice naturelle.

Il seroit trop long de marquer ici comment on doit faire ces conférences pour les rendre vraiment utiles. On y suppléera par la conversation : & il suffit de dire un mot quant à présent sur la maniere de s'y préparer.

Ce n'est pas assez pour cela de lire tous les Commentateurs de la coutume de Paris sur les questions que l'on y doit traiter. La véritable méthode pour l'étudier d'une maniere supérieure, & pour entrer dans l'esprit général du droit coutumier en y travaillant sur une coutume particuliere, c'est d'y joindre la conférence de toutes les autres coutumes. L'ouvrage est tout fait ; & c'est, pour ainsi dire, le digeste du droit François. Il faut donc, à mesure qu'on étudie une question par rapport à la coutume de Paris, voir de suite dans le livre qui a pour titre, *la Conférence des Coutumes*, de quelle maniere elles se sont expliquées sur ce qui fait naître la question; comparer exactement cette coutume avec celle de Paris, en peser les rapports & les différences; remonter jusqu'à la diversité des principes, qui est la source de ces différences; se constituer le juge en quelque maniere des coutumes mêmes; & tâcher de découvrir quel est le principe qui auroit dû mériter la préférence, & réunir les dispositions de ces différentes especes de loix entre lesquelles on trouve souvent une si grande contrariété.

Un des auteurs qui sont le plus entrés dans cet esprit, & qui, pour se servir d'un terme de mathématiques, ont le plus entrepris de généraliser les regles du droit coutumier, c'est M. Auzannet, qui a travaillé sur la coutume de Paris plutôt en réformateur & en législateur, qu'en interprête ou en commentateur. Le grand magistrat qui l'avoit associé à ses travaux, le premier Préſident de Lamoignon, méditoit le vaſte & difficile deſſein de réduire toutes les coutumes à une ſeule loi générale. Ainſi & les notes de M. Auzannet ſur celle de Paris, & ce qu'on appelle les Arrêtés de M. le premier Préſident de Lamoignon, ſont des ouvrages très propres à former cette étendue & cette ſupériorité d'eſprit avec laquelle on doit embraſſer le droit François, ſi l'on veut en poſſéder parfaitement les principes, & peut-être mieux que ceux mêmes qui ont rédigé ou réformé chaque coutume particuliere.

Enfin, quoique Dumoulin n'ait travaillé à fond que ſur celle de Paris, c'étoit néanmoins un génie ſi profond & ſi propre à épuiſer les matieres qui étoient l'objet de ſes veilles, que ſi notre jeune Avocat du Roi a le courage d'entrer dans les vues que je viens de lui indiquer, la lecture, ou plutôt l'étude la plus utile qu'il puiſſe faire, eſt celle du Commentaire de Dumoulin ſur le titre des fiefs de la coutume de Paris. Mais, s'il veut ſe l'approprier véritablement, & ſe former non-ſeulement dans la ſcience du droit coutumier, mais dans la profondeur du raisonnement, il ne se contentera pas de lire & relire cet ouvrage avec la plus grande attention, & il en fera une espece d'abrégé ou plutôt d'analyse suivie. C'est le terme le plus propre dont on puisse se servir pour faire sentir la véritable maniere d'entrer dans l'esprit, & de prendre le caractere de l'auteur le plus analytique qui ait écrit sur la jurisprudence; parce que sa méthode perpétuelle est de remonter par degrés du texte de la coutume jusqu'au premier principe de la matiere, & d'en descendre ensuite par une gradation semblable jusqu'aux dernieres conséquences.

Si l'on ajoute à ce travail la lecture réfléchie des notes abrégées, ou de ce qu'on nomme les Apostilles de Dumoulin sur les différentes coutumes du royaume, & qui ont mérité d'être respectées presque comme des loix, il manquera peu de chose à notre laborieux Avocat du Roi pour devenir quelque jour le Papinien François.

Au reste, pour ne pas l'effrayer aussi par la vue d'un trop grand travail, quand on lui propoſe de faire l'analyſe du Commentaire de Dumoulin ſur le titre des fiefs, on ne prétend pas qu'il commence demain un ouvrage qui ne ſera placé que lorſqu'il aura acquis des notions ſuffiſantes du droit coutumier. Pour le faire avec plus de fruit, les queſtions particulieres ſur leſquelles il ſera obligé de conſulter Dumoulin, lui en feront ſentir l'utilité; & ce ne ſera qu'après avoir exercé pendant quelque tems la charge d'Avocat du Roi, qu'il ſera véritablement en état de mettre à profit un tems de vacations pour faire tout de ſuite un ouvrage dont il ſe remerciera tous les jours de ſa vie.

Pour achever ce qui regarde l'étude du droit François, il reſte de dire un mot de celle des ordonnances.

Il y en a de deux ſortes.

Les unes n'ont pour objet que la procédure, ou les regles de l'ordre judiciaire : mais comme il eſt plus court de parler que d'écrire ſur la maniere de les étudier, on n'en dira rien ici; ce ſera plutôt la matiere d'une converſation.

Les autres regardent le fond même de la Jurisprudence Civile, Canonique & Françoise. Il suffiroit quant à présent d'en faire une simple lecture, pour en avoir une notion générale : & à mesure qu'on travaillera sur chaque espece de jurisprudence, suivant le plan qu'on vient de tracer, il faudra avoir soin de marquer sur chaque matiere les ordonnances qu'on y peut rapporter.

On fera bien de s'aider dans ce travail de ce qu'on appelle le Code Henry, où l'on trouve les ordonnances rangées par ordre de matieres. Mais comme le Président Brisson, qui est l'auteur de cet ouvrage & qui espéroit de le faire revêtir de l'autorité du Roi, y a travaillé souvent en législateur, plutôt qu'en simple compilateur; il est bon de vérifier les ordonnances qu'il cite, pour ne pas s'exposer à regarder comme une loi, ce qui n'étoit que la pensée du Président Brisson. Son recueil finit en l'année 1585. Ainsi il sera nécessaire d'y joindre l'étude de toutes les ordonnances postérieures, qui ont éabli des regles sur quelques matieres du droit Eccléſiaſtique ou du droit François. Nous n'en avons pas encore de recueil complet; mais il ſera aiſé de les indiquer à notre futur Avocat du Roi.

Il viendra un tems où l'on exigera peut-être de lui une étude plus profonde de l'ordonnance, & ſur-tout de celles qui regardent le droit & l'ordre public. Mais à préſent, il faut ſe réduire au poſſible & au plus néceſſaire.

SECOND OBJET.

Etudes des regles ſur la maniere de traiter les différentes matieres, & ſur le ſtyle ou l'élocution.

L'art de traiter méthodiquement une matiere, ou de la diſcuter pleinement & juſqu'à la conviction, eſt la ſcience la plus eſſentielle à tout homme qui ne parle que pour prouver, &, s'il ſe peut, pour démontrer.

Mais la raiſon même a ſouvent beſoin de chercher à plaire, pour entrer plus parfaitement & plus ſûrement dans l'eſprit de ceux qu'il s'agit de persuader. Ainsi la méthode par laquelle on arrange ses idées, ses réflexions, ses raisonnemens, d'une maniere capable de produire la conviction, ne réussit pas toujours, si elle n'est accompagnée des charmes d'une élocution qui rende l'auditeur attentif, & qui l'intéresse en quelque maniere à l'établissement de la vérité que l'orateur entreprend de prouver.

Tout se réduit donc à ces deux points; savoir prouver, savoir plaire en prouvant & même pour mieux prouver.

Art de prouver.

On l'apprend, ou par les préceptes, ou par les exemples.

Les préceptes s'en trouveront dans les ouvrages des maîtres de l'art, & sur-tout de ceux qui ont su joindre la dialectique & l'esprit géométrique à la théorie de l'éloquence.

Dans les anciens, il n'y a rien de plus parfait sur ce sujet, que la Rhétorique d'Aristote; & c'est un ouvrage qui mérite d'être non-seulement lu, mais médité.

Les trois livres de Cicéron, *de Oratore*, fourniront des préceptes excellens, & des exemples encore meilleurs.

Quintilien trop sec, &, pour ainsi dire, trop scholastique dans une partie de sa rhétorique, est aussi utile qu'admirable dans les préceptes ou dans les conseils généraux qu'il donne au commencement, & encore plus à la fin de son ouvrage. On y trouve non-seulement les préceptes, mais, ce qui vaut beaucoup mieux, la raison des préceptes : & il n'y a point de lecture plus propre à former le goût, que celle des trois premiers & des trois derniers livres de cet auteur.

Mais il faut avouer que, si l'on se renferme d'abord dans l'art de prouver, sans penser encore à ce qui regarde la perfection & la beauté du style, les modernes paroissent avoir un grand avantage sur les anciens : & voici les principaux livres qu'un jeune homme doit lire le plus attentivement, s'il veut acquérir le grand talent d'arranger ses preuves dans cet ordre naturel qui soutient l'attention de l'auditeur, en le conduisant, par une espece de gradation de vérités ou de propositions qui naissent toujours l'une de l'autre, jusqu'à une évidence aussi parfaite que la matiere peut l'admettre.

Tels sont,

La méthode de M. Descartes, le dernier livre de l'art de penser; à quoi l'on peut joindre ce que M. Regis a dit plus en détail dans sa logique, sur la méthode synthétique, & sur la méthode analytique.

Le sixieme livre de la recherche de la vérité.

On peut lire aussi avec utilité les discours que le Pere Reynau a mis à la tête de ses ouvrages de Mathématiques, & sur-tout *de la Science du Calcul*, où il a recueilli en peu de mots toute la substance de l'art de prouver, suivant l'esprit & l'ordre géométrique.

Des préceptes, il faut passer à des exemples, qui seront sans doute plus agréables, & peut-être encore plus utiles. Ce que les préceptes considérés en eux-mêmes ont quelquefois de trop abstrait, & pour ainsi dire de trop spirituel, devient plus sensible,

& femble acquérir une efpece de corps, & une plus grande réalité, par l'application que ceux qui nous fervent de modeles en ont faite à certaines matieres. L'attention, foulagée par la vue d'un objet fixe & déterminé, conçoit mieux toute l'utilité des préceptes; & à force de lire des ouvrages bien ordonnés, notre efprit prend infenfiblement l'habitude & comme le pli de cette méthode parfaite qui, par le feul arrangement des penfées & des preuves, opere infailliblement la conviction.

Entre les ouvrages où l'on peut trouver de tels exemples, les méditations de Defcartes & le commencement de fes principes peuvent tenir le premier rang. Il a été également le maître & le modele de ceux mêmes qui l'ont combattu; & l'on diroit que ce foit lui qui ait inventé l'art de faire ufage de la raifon. Jamais homme, en effet, n'a fu former un tiffu plus géométrique & en même-tems plus ingénieux & plus perfuafif de penfées, d'images & de preuves; en forte qu'on trouve en lui le fond de l'art des orateurs, joint à celui du géometre & du philofophe.

On peut dire du Pere Malebranche,

Proximus huic, longo ſed proximus intervallo.

Mais comme il a ſu joindre l'imagination au raiſonnement, ou, ſi l'on veut, le raiſonnement à l'imagination qui dominoit chez lui, la lecture de ſes ouvrages peut être avantageuſe à ceux qui ſe deſtinent à un genre d'éloquence où l'on a ſouvent beſoin de parler à l'imagination, pour faire entendre la raiſon.

Ce n'eſt donc pas ce qui eſt du reſſort de la pure métaphyſique, que l'on doit chercher dans le Pere Malebranche; c'eſt ce qui a plus de rapport à la morale, comme pluſieurs chapitres du livre de la recherche de la vérité, où il traite de l'imagination; le livre des inclinations, & celui des paſſions, ou, ſi l'on veut quelque choſe qui ſoit encore plus travaillé, ſes entretiens métaphyſiques, qu'on peut regarder comme ſon chef-d'œuvre, ſoit pour l'arrangement des idées, ſoit pour le ſtyle & pour la maniere d'écrire.

Un génie peut-être supérieur à celui du Pere Malebranche, & qui a passé, avec raison, pour le plus grand dialecticien de son siecle, pourroit suffire seul pour donner un modele de la méthode avec laquelle on doit traiter, approfondir, épuiser une matiere, & faire ensorte que toutes les parties du même tout tendent & conspirent également à produire une entiere conviction.

Il est aisé de reconnoître M. Arnaud à ce caractere. La logique la plus exacte, conduite & dirigée par un esprit vraiment géometre, est l'ame de tous ses ouvrages : mais ce n'est pas une dialectique seche & décharnée, qui ne présente que comme un squelette de raisonnement ; elle est accompagnée, mâle & robuste, d'une abondance & d'une variété d'images qui semblent naître d'elles-mêmes sous sa plume, & d'une heureuse fécondité d'expressions : c'est un corps plein de suc & de vigueur, qui tire toute sa beauté de sa force, & qui fait servir ses ornemens mêmes à la victoire. Il a d'ailleurs combattu pendant toute sa vie. Il n'a presque fait que des ouvrages polémiques ; & l'on peut dire que ce sont comme autant de plaidoyers, où il a toujours eu en vue d'établir ou de réfuter, d'édifier ou de détruire, & de gagner sa cause par la seule supériorité du raisonnement.

On trouve donc dans les écrits d'un génie si fort & si puissant, tout ce qui peut apprendre l'art d'instruire, de prouver & de convaincre : mais comme il seroit trop long de les lire tous, on peut se réduire au livre de la perpétuité de la foi, auquel M. Nicole, autre logicien parfait, a eu aussi une grande part ; & à des morceaux choisis dans le livre qui a pour titre *la morale des Jésuites*.

Le premier est une application continuelle des préceptes de la logique, qui enseignent à renverser les argumens les plus captieux, & à démêler les sophismes les plus subtils, en les ramenant toujours aux regles fondamentales du raisonnement.

Le second est plein de modeles dans l'art de discuter les faits, de digérer & de réunir les preuves, les conjectures, les présomptions, pour leur donner une évidence parfaite, ou du moins ce degré de vraisemblance & de probabilité, qui, dans les questions de fait, tient lieu, en quelque maniere, de l'évidence, & équipolle presque à la vérité.

Il n'est pas même nécessaire de lire ces deux ouvrages en entier; & l'on peut appliquer ici ce mot de Séneque, *multùm legendum, non multa*. La véritable maniere de mettre à profit cette lecture, c'est de s'arrêter lorsqu'on a achevé de lire un des points que l'auteur a entrepris de prouver; de repasser successivement sur les différens degrés par lesquels il a conduit ses raisonnemens, jusqu'au genre de démonstration dont la matiere est susceptible; d'en faire une espece d'analyse, ou par une simple méditation, ou quelquefois même par écrit, afin de se rendre maître de l'ordre qu'il a suivi, d'en faire son bien propre, & de se former comme une espece de moule, où toutes nos pensées s'arrangent d'elles-mêmes dans leur place naturelle.

L'étude d'une douzaine d'endroits, médités avec cette attention, sera un travail plus utile que la lecture d'un grand nombre d'ouvrages, dont on ne retire souvent pour tout fruit qu'une connoissance superficielle, & une approbation vague du mérite d'un auteur : au-lieu qu'en faisant, comme on vient de le dire, l'anatomie exacte de sa méthode dans quelques morceaux choisis, on apprend à devenir auteur soi-même, & à approcher au moins de son modele, si l'on ne peut l'égaler.

Les ouvrages de M. Nicole, & surtout les quatre premiers volumes des essais de morale, qui sont plus travaillés que les autres, & où il est plus aisé d'appercevoir un plan & un ordre suivi, entrent aussi dans la même vue ; & en y apprenant à bien ordonner les pensées de son esprit, on y trouvera l'avantage infiniment plus grand d'apprendre en même-tems à bien régler les mouvemens de son cœur.

En voilà assez sur ce que l'on a appellé d'abord *l'art de prouver :* & il est tems de donner aussi une notion générale de la maniere d'apprendre à plaire en prouvant.

Art

Art de plaire en prouvant, & pour mieux prouver.

Ce ſecond point demande moins de réflexions, parce qu'il ſe confond preſque avec le premier.

On eſt toujours ſûr de plaire, quand on parvient à convaincre par une méthode qui ſait conduire l'eſprit ſans effort, & preſque ſans travail, à la découverte de la vérité : & c'eſt même par-là qu'un homme public, qui ne parle que pour elle, doit chercher preſque uniquement à plaire à ſes auditeurs.

D'ailleurs, les maîtres que l'on vient d'indiquer, ſoit pour donner des préceptes, ſoit pour fournir des exemples dans l'art de prouver, ſont preſque tous auſſi des modeles excellens dans l'art de préparer cette volupté innocente qui accompagne la conviction, ou qui diſpoſe l'ame de l'auditeur à s'y livrer plus facilement.

Il ne reſte donc ici que de parler des ouvrages qu'il eſt bon de lire avec attention, pour achever de ſe former à la pureté & à l'élégance du ſtyle, ou aux graces & aux ornemens de l'élocution. On s'attachera principalement à ceux qui, suivant l'idée naturelle de l'éloquence, n'ont regardé l'art de plaire, que comme un instrument utile & presque nécessaire à l'art de prouver.

Démosthene & Cicéron sont en possession, depuis plusieurs siecles, d'être regardés en ce genre comme les plus grands modeles; & le premier peut-être encore plus que le second, si l'on s'attache à la force du raisonnement.

Mais comme les harangues de Démosthene perdent beaucoup de leur mérite dans les traductions, on peut commencer par la lecture de Cicéron, & remettre celle de Démosthene jusqu'au tems où notre jeune orateur, revenu de ses distractions philosophiques & juridiques, si elles méritent ce nom, aura renouvellé avec le grec une connoissance qui aille jusqu'à la familiarité.

Une lecture rapide des oraisons de Cicéron ne seroit pas suffisante. On peut s'en rassasier d'abord, si l'on veut; mais il faudra revenir ensuite sur ses pas, & en choisir quelques-unes, dont on fera une espece d'analyſe, pour y découvrir l'art caché de cet ordre oratoire qui, dans certaines matieres, peut être plus propre à manier les eſprits, que la méthode des géometres ou des philoſophes.

Après ceux qui ont été éloquens, pour ainſi dire, par état & par profeſſion, les hiſtoriens latins (car on ne parle point ici des grecs, par la raiſon qu'on vient de marquer) peuvent fournir des modeles auſſi parfaits dans l'art de bien parler, & peut-être plus approchans de notre génie & de notre goût, que Cicéron même.

Les harangues de Salluſte, de Tite Live, de Tacite, ſont des chefs-d'œuvres de ſens, de raiſon, & de cette éloquence de choſes, plutôt que de mots, qui perſuade ſans art oratoire, ou du moins ſans en employer d'autre, que celui dont le principal mérite eſt de ſavoir ſe cacher. Le corps entier de leurs hiſtoires n'eſt pas moins utile à lire, ſoit pour ſe former le ſtyle de la narration, ſoit pour ſe remplir de réflexions qui préviennent l'effet de l'expérience, & qui donnent une maturité anticipée à la raison. Si l'on pouvoit même en apprendre par cœur les plus beaux endroits, on exerceroit utilement sa mémoire ; & ce seroit le moyen, non-seulement d'orner, mais d'enrichir & de fortifier son esprit.

La lecture des poëtes n'est pas non plus à négliger ; & Cicéron souhaite quelque part à ceux mêmes qui n'écrivent qu'en prose, *verba propè poetarum*. La poésie inspire un feu d'imagination, qui sert beaucoup à animer, à échauffer le style, & à l'empêcher de languir, sur-tout en traitant des matieres seches & épineuses, qui le refroidissent naturellement, & qui le mettent, pour ainsi dire, à la glace.

Mais c'est ici, plus qu'en tout autre genre de lecture, que, dans le bien, il faut savoir choisir le meilleur ; & dans le meilleur même, l'excellent. Je conseillerois donc à notre futur orateur de s'attacher presque uniquement à trois des poëtes latins, & de les avoir continuellement entre les mains. Il devinera aisément que c'est de Térence, de Virgile & d'Horace que je veux parler. Il les connoît déja trop pour avoir besoin que je lui en trace ici les différens caracteres. On peut dire qu'ils sont *pares magis quàm similes*. Mais s'il falloit faire un choix dans ce qui est également parfait, je louerois dans Térence cette pureté, cette naïveté, cette élégance de style qu'on ne sauroit trop imiter: j'admirerois dans Virgile, la noblesse, l'élévation, la perfection de ses vers, & sur-tout ce fonds de sentiment qui va jusqu'au cœur, & qui rend son style si intéressant, que c'est peut-être par-là que l'imitateur & le rival d'Homere l'a emporté sur son original; mais je finirois par donner la préférence à la lecture d'Horace, & sur-tout de ses satyres, de ses épîtres & de son art poétique, qui donne des leçons aux orateurs mêmes, quoiqu'il ne paroisse fait que pour les poëtes.

Je dirois donc volontiers d'Horace, ce que Quintilien a dit de Cicéron, *ille se profecisse sciat, cui Horatius valdè placebit*. On y apprend non-seulement à bien parler, mais à bien penser; à juger sainement de ce qui doit plaire ou déplaire dans ceux avec qui nous vivons; à avoir le ſentiment vif & délicat ſur les devoirs, ſur les bienſéances; en un mot, ſur ce qu'on appelle les mœurs, & qui peut former l'honnête homme, l'homme aimable dans le commerce de la ſociété.

Toutes les vertus du ſtyle s'y réuniſſent en même-tems : une juſteſſe d'expreſſion qui égale celle des penſées : un art à préſenter des images toujours gracieuſes, & toujours traitées avec cette ſobriété qui ſait s'arrêter où il faut, & faire ſuccéder de nouvelles beautés qui ſemblent ſuivre naturellement les premieres, & charmer l'eſprit par leur variété, ſans le fatiguer par leur multitude ou par leur confuſion : un choix dans les épithetes qui ne ſont jamais oiſives, & qui ajoutent toujours, ou plus de force, ou plus de grace aux termes qu'elles accompagnent : une perfection dans les narrations, dont l'élégance & l'ornement ne diminuent point la ſimplicité & la rapidité. Enfin on trouve en lui un maître toujours aimable, qui, comme il le dit lui-même, enſeigne le vrai en riant, & dont le ſavant badinage ſemble jouer autour du cœur (c'eſt l'expreſſion de Perſe), pour y faire entrer plus agréablement ſes préceptes. Mais en voilà trop ſur le caractere de cet auteur : il faudroit être Horace lui-même, pour en faire dignement le portrait ; & l'on profitera plus à le lire, qu'à l'entendre louer.

Ce n'eſt pas qu'outre les poëtes latins dont on vient de parler, il n'y en ait pluſieurs autres dont la lecture ne ſoit pas à mépriſer. La force & la véhémence de Juvenal ; le grand ſens & l'énergie de Perſe ; la morale, les penſées, les expreſſions même de pluſieurs endroits de Séneque le tragique ; la vaſte imagination de Stace ; la liberté & quelquefois la grandeur de Lucain ; la facilité & la fécondité de Claudien, peuvent avoir leur utilité pour élever & pour enrichir l'eſprit d'un orateur. On peut donc lire ces poëtes ; mais il faut étudier les premiers. Le mélange des défauts rend ſouvent les vertus mêmes dangereuſes ; & l'on ne ſauroit choiſir des modeles trop purs & trop parfaits, quand on veut arriver ſoi-même à la perfection.

Au reste, ce seroit une erreur de croire que des auteurs latins ne puissent pas nous apprendre à bien écrire en françois. Les perfections essentielles du style sont les mêmes dans toutes les langues: les signes ou les instrumens, c'est-à-dire, les mots dont on se sert pour s'exprimer, sont différens; mais les regles générales pour les mettre habilement en œuvre, sont toujours semblables. Et dans quelque langue qu'on parle ou qu'on écrive, on ne le fera jamais avec succès, si l'on ne présente à l'auditeur ou au lecteur le même enchaînement dans les pensées, la même suite dans les images, la même justesse dans les comparaisons, le même choix & la même exactitude dans les expressions.

Mais, outre ces vertus communes à toutes les langues, elles ont aussi chacune des beautés qui leur sont propres; & il y a d'ailleurs une espece de mode dans le style même, qu'on est obligé de suivre dans ce qu'elle a de bon, parce qu'on parle aux hommes de son tems. Ainsi il est nécessaire de joindre aux modeles que les anciens nous ont laissés dans leur langue, ceux que nous trouvons dans la nôtre, en s'attachant toujours aux meilleurs & à ceux qui approchent le plus de notre âge.

Tels sont les ouvrages de M. Fléchier, de M. Bossuet, du P. Bourdaloue : &, sans vouloir faire ici des comparaisons toujours odieuses entre ceux qui ont excellé chacun dans leur genre, le dernier est peut-être celui qu'on peut lire avec le plus de fruit, quand on se destine à parler pour prouver & pour convaincre. La beauté des plans généraux, l'ordre & la distribution qui regne dans chaque partie du discours; la clarté, &, si l'on peut parler ainsi, la popularité de l'expression, simple sans bassesse, & noble sans affectation, sont des modeles qu'il est plus aisé d'appliquer à l'éloquence du barreau, que le sublime ou le pathétique de M. Bossuet, & que la justesse, la mesure ou la cadence, peut-être trop uniforme, de M. Fléchier.

Les lettres provinciales, & surtout les dernieres, par rapport à l'objet qu'on se propose, de plaire en prouvant, peuvent se placer hardiment à côté de ces grands orateurs :

& je ne ſais quels ſont ceux qui devront avoir le plus peur du voiſinage. La quatorzieme lettre ſur-tout eſt un chef-d'œuvre d'éloquence qui peut le diſputer à tout ce que l'antiquité a le plus admiré ; & je doute que les Philippiques de Démoſthene & de Cicéron offrent rien de plus fort ou de plus parfait.

Pour ſe rapprocher davantage de la ſphere du barreau, on peut lire quelques-uns des plaidoyers de M. le Maître, où l'on trouve des traits qui font regretter que ſon éloquence n'ait pas eu la hardieſſe de marcher ſeule, & ſans ce cortege nombreux d'orateurs, d'hiſtoriens, de peres de l'égliſe, qu'elle mene toujours à ſa ſuite.

Les plaidoyers de M. Patru, dégagés de cette pompe inutile, pêchent plutôt par l'excès contraire de la ſécphereſſe; mais la diction en eſt pure, le ſtyle très-françois, & peut-être meilleur que celui du tems préſent. On ne perdra donc pas ſon tems à les lire, auſſi-bien que ceux de M. Erard, où l'on trouvera un ſtyle doux & coulant, un tour d'eſprit naturel, une ironie aſſez fine & aſſez délicate, qui en faiſoit le principal ornement, mais qui laissoit à desirer cette force de raisonnement, & ce progrès de preuves toujours plus pressantes l'une que l'autre, qui fait le principal mérite de ces sortes de discours.

Je n'ai point parlé jusqu'ici de deux auteurs qui ont été regardés autrefois comme les maîtres, & presque comme les fondateurs du style françois : je veux dire de Coëffeteau & de Balzac, qu'on ne connoît presque plus aujourd'hui, quoique la lecture en pût être fort utile, si on la faisoit avec discernement.

L'histoire Romaine du premier peut être lue sans aucun danger ; & elle mérite de l'être, pour apprendre non-seulement la pureté, mais le caractere naturel & le véritable génie de notre langue.

Balzac doit être lu avec plus de précaution : on y trouve une affectation vicieuse dans les pensées ; un goût peu réglé pour l'extraordinaire & pour le merveilleux ; un génie qui prend souvent l'enflure pour la grandeur, & qui approche plus de la déclamation que de la véritable éloquence : défauts après tout qui sont trop marqués dans cet auteur, pour être bien dangereux; & qui peuvent être utiles, parce qu'ils montrent les écueils que ceux à qui la nature a donné beaucoup d'esprit, ont à éviter. Mais en récompense, on y remarque un tissu parfait dans la suite & dans la liaison des pensées; un art singulier dans les transitions; un choix exquis dans les termes; une justesse rare & une précision très-digne d'être imitée dans le tour & dans la mesure des phrases; enfin un nombre & une harmonie qui semble avoir péri avec Balzac, ou du moins avec M. Fléchier, son disciple ou son imitateur; & qui ne seroit peut-être pas moins utile à notre Avocat du Roi, que celle des cantates de Corelli ou de Vivaldi.

Les défauts de cet auteur ont donc fait grand tort à ses vertus: trop admiré pendant sa vie, il a été trop méprisé après sa mort. Mais le bon esprit consiste à savoir faire usage de tout: & pourquoi ne pas profiter de ce qu'un auteur a d'excellent, parce qu'on y trouve des fautes qu'on ne sauroit excuser? On peut donc appliquer à Balzac ce que Quintilien a dit de Séneque, qui avoit presque les mêmes défauts. Ceux qui ont le goût déja formé, peuvent non-seulement le lire impunément, mais le lire utilement, quand ce ne seroit que parce qu'il est propre à exercer des deux côtés le jugement : *vel ideò quòd potest exercere utrimque judicium.* Ce qu'il a de vicieux est l'objet d'une critique avantageuse, qui sert à affermir l'esprit dans le goût du simple & du vrai : ce qu'il a de bon, apprend à perfectionner la nature, sans cesser de la prendre pour modele, & de travailler toujours d'après elle.

On devroit parler à présent des poëtes françois, de même qu'on a parlé des poëtes latins ; mais il seroit inutile de répéter ici ce qu'on a déja dit sur les secours que l'éloquence peut tirer de la poésie : & d'ailleurs nos poëtes sont si connus & si fort au goût de la jeunesse, qu'on n'a pas besoin de lui en recommander la lecture.

Tout ce qu'on peut desirer d'elle à cet égard, c'est qu'elle proscrive d'abord tous ceux qui sont dangereux pour la religion & pour les mœurs ; que dans les bons, elle choisisse toujours les meilleurs ; & que dans les meilleurs, elle s'attache principalement à ce qui les caractérise, & qui les distingue entre leurs égaux : comme la structure & l'harmonie, dans Malherbe; l'élévation des pensées, la noblesse des sentimens & la profondeur des réflexions, dans Corneille; la beauté des images, la vivacité des mouvemens, & la facilité des expressions, dans Racine; le simple, le vrai, le gracieux, dans la Fontaine; & de même à l'égard de nos autres poëtes. L'impression & comme la teinture de ces différens caracteres se fait sentir dans les ouvrages de ceux qui les ont bien lus; & il en est de leur style, comme des carnations parfaites dans la peinture, où aucune des couleurs ne domine, & où néanmoins elles font toutes leur effet.

Je m'oublie, en parlant si longtems d'une matiere qui naturellement flatte trop mon goût; & je ferai mieux d'achever de remplir le plan que je me suis proposé, en passant de l'étude ou de la théorie, à ce qui regarde l'exercice ou la pratique.

EXERCICE OU PRATIQUE.

On comprend aisément que les différens essais qu'on peut faire de ses talens, doivent se rapporter aux deux objets qui ont été distingués dans ce qui regarde l'étude; c'est-à-dire, à ce qu'on a appellé l'art de prouver, & l'art de plaire en prouvant.

A l'égard du premier point, pour s'exercer comme à l'ombre & par un essai domestique, à ce qu'on doit faire au grand jour & dans l'exercice réel des fonctions publiques, rien ne sera meilleur que de prendre dans le journal des audiences, ou dans quelque autre recueil d'arrêts, un fait qui ait donné lieu d'agiter une question de droit, & sur-tout de droit romain, dont notre jeune candidat est plus instruit; de bien lire les moyens des deux parties, & le discours de l'avocat général qui n'y est souvent rapporté qu'en substance; & de composer ensuite un plaidoyer, tel qu'on le feroit, si l'on étoit obligé de parler sur une affaire semblable.

Deux ou trois essais de cette espece, revus & corrigés par ceux qui sont capables d'en juger, seront plus utiles que tous les préceptes, pour en apprendre le véritable tour & le caractere propre, pourvu que l'on ait la patience de les remanier & de les remettre ſous l'enclume, juſqu'à ce qu'on les ait portés au point de perfection dont on peut les rendre ſuſceptibles. Un ouvrage achevé forme ſans comparaiſon plus l'eſprit & le goût, que cent ouvrages commencés : & ſi le tems manque dans l'exercice actuel d'une charge, pour perfectionner ainſi ce que l'on écrit, on ſait au moins ce qu'il faut faire pour y parvenir ; & l'on en approche toujours beaucoup plus, que ſi l'on n'avoit jamais fait que des ébauches.

Un ſecond exercice domeſtique qui peut être auſſi d'une grande utilité, eſt de profiter des conférences que l'on fait ſur le droit, pour acquérir l'habitude d'en digérer & d'en développer les principes dans un ordre qui, par des définitions, des diſtinctions & des preuves bien diſpoſées, conduiſe ſûrement l'eſprit à prendre le meilleur parti.

Il faut pour cela commencer la conférence par une eſpece de diſcours ſuivi, où en ſe propoſant toujours, autant qu'il ſe peut, pour modele la méthode géométrique ; on épuiſe d'abord tout ce que le raiſonnement peut fournir sur la matiere que l'on traite, pour y joindre ensuite les autorités tirées des sentimens des jurisconsultes & de la jurisprudence des arrêts.

Ce discours ne doit être ni lu ni appris par cœur; il suffira d'en avoir fait une espece de plan, ou de canevas: après quoi, il faut s'abandonner à sa facilité naturelle pour l'exécution, & être seulement attentif à éviter les fautes du langage, sans trop rougir de celles qui échappent; l'exercice en diminuera toujours le nombre: & c'est le meilleur moyen de se former l'habitude de parler, sans avoir rien appris par mémoire, comme on doit le faire dans les plaidoyers. L'essentiel est que l'ordre le plus naturel regne toujours dans tout ce que l'on pourra dire; & quand on s'y est une fois accoutumé dans la jeunesse, il en coûteroit plus pour parler sans méthode, que pour le faire avec méthode.

Le second point, qui consiste à savoir plaire en prouvant & pour mieux prouver, ne demande pas moins d'exercice & de préparation que le premier, si l'on veut acquérir une élocution, non-ſeulement pure & naturelle, mais noble & même fleurie juſqu'à un certain point. Ce ne ſeroit peut-être qu'un avantage frivole, ſi elle ne ſervoit qu'à faire louer l'orateur; mais elle devient un objet ſolide, quand on conſidere combien elle eſt utile pour faire triompher la juſtice.

De tous les travaux domeſtiques qu'on peut entreprendre pour ſe former le ſtyle, il n'en eſt guere de comparable à celui de la traduction. Elle apprend à faire mieux ſentir les vraies beautés de l'original: & comme ce travail excite une louable émulation de les égaler dans notre langue, il force l'eſprit à chercher & à trouver des tours capables d'exprimer tout ce qu'il penſe, tout ce qu'il ſent même. Or c'eſt en cela préciſément que conſiſte la véritable perfection du ſtyle. Toutes les expreſſions ſont des images, & tout écrivain eſt un peintre, qui a réuſſi dans ſon art lorſqu'il a ſu donner à ſes portraits toute la vérité & toutes les graces des originaux.

La traduction eſt donc comme l'école de ceux qui ſe deſtinent à peindre par la parole. La néceſſité de frapper à pluſieurs portes différentes, pour trouver une expreſſion qui rende fidelement en François toute la forcè du mot Latin, nous ouvre enfin celle qui nous fournit le terme propre que nous cherchons. Nous découvrons par-là dans notre langue des richeſſes qui nous étoient inconnues ; & notre eſprit acquiert une heureuſe fécondité, en ſe rendant le maître d'un grand nombre d'expreſſions ſynonimes, qui joignent dans ſes diſcours la variété à l'abondance. Il apprend même, & c'eſt ce qui eſt encore plus important, à diſtinguer les termes vraiement ſynonimes, de ceux qui ne le ſont pas exactement ; & de là ſe forme ce goût pour la juſteſſe & pour la propriété des expreſſions, & ce choix entre celles qui ſont plus ou moins énergiques, & qui répandent non-ſeulement plus de lumiere, mais plus de force ou plus d'agrément ſur nos penſées.

L'expérience fera encore mieux ſentir l'utilité de ce travail, que tous les raiſonnemens. L'eſſentiel eſt de s'y attacher avec perſévérance, & de choiſir toujours les plus grands modeles, comme les narrations de Térence, les plus beaux endroits des oraiſons de Cicéron, les harangues de Salluſte, de Tite-Live, de Tacite, & les portraits qui ſe trouvent dans ces trois auteurs. C'eſt contre de tels émules qu'il eſt véritablement utile de joûter. Le combat eſt pénible, & preſque toujours inégal; mais on y gagne même à être vaincu, par les efforts que l'on fait pour vaincre. On a au moins le plaiſir de ſentir qu'on approche toujours de plus près de ſon modele; pourvu que, ſans déſeſpérer du ſuccès, comme cela arrive quelquefois à des eſprits vifs qui voudroient tout emporter du premier coup, on ſoit bien perſuadé qu'avec le tems & l'application, il n'eſt point de difficulté qui ne cede à une heureuſe opiniâtreté.

Au reſte, il n'eſt pas néceſſaire de faire des traductions exactement littérales. Il eſt bon même d'en mêler quelquefois de plus libres, qui approchent plus de l'imitation que de la traduction. On ne fait des copies que pour ſe mettre en état de produire à ſon tour des originaux: & c'eſt l'eſprit des grands maîtres qu'il faut tâcher de leur dérober, pour ainsi dire, & de s'approprier, plutôt que leurs expressions ou leurs pensées mêmes.

Il y auroit bien d'autres genres d'ouvrages auxquels il seroit utile de s'exercer : comme des comparaisons des endroits presque semblables qu'on trouve dans différens auteurs; des jugemens ou des critiques de certains ouvrages; des paralleles de différens auteurs, ou de grands hommes dont on auroit lu la vie, à l'imitation de ceux de Plutarque. Mais le tems est trop court pour pouvoir faire tout ce qui seroit avantageux; &, comme je l'ai déja dit ailleurs, il seroit dangereux d'effrayer un jeune courage, en multipliant trop les objets de ses travaux. Je crains même d'être déja tombé dans cet inconvénient; & à mesure que j'ai vu les pensées & les réflexions croître toujours sous ma plume, il m'est souvent venu dans l'esprit qu'on pourroit me dire : mais tout cela est-il bien nécessaire pour se mettre en état d'exercer une charge d'Avocat du Roi au Châtelet ? Est-ce donc un ministere si difficile à soutenir ? Et s'agit-il pour cela de former un chef-d'œuvre en genre de capacité, d'éloquence & de goût ? Tous ceux qui ont rempli une semblable fonction, & qui l'ont fait même avec succès, s'y étoient-ils préparés d'une maniere si laborieuse ?

Je conviendrai volontiers que beaucoup ne l'ont pas fait, pourvu qu'on avoue aussi qu'ils auroient dû le faire. Mais d'ailleurs celui qui est ici mon objet, prétend-il se borner à être Avocat du Roi toute sa vie ? J'ai trop bonne opinion de lui, pour penser qu'il veuille se contenter du pur nécessaire, en le bornant même à ce qui suffit pour remplir une charge qui ne doit être considérée que comme un passage & une espece de noviciat. Il portera donc plus loin ses vues; & s'il entre bien dans les miennes, il regardera le plan que je viens de lui tracer comme une préparation pour toute la suite de sa vie, beaucoup plus que pour le tems qu'il passera dans la charge d'Avocat du Roi, & il se mettra bien dans l'esprit ces paroles qu'il lira dans Quintilien : *Altiùs ibunt qui ad summa nitentur, quàm qui, præsumptâ desperatione quò velint evadendi, protinùs circa ima substiterint.*

Je finis cette espece d'instruction

par deux avis, qui ne lui seront peut-être pas moins utiles que tous les autres.

Le premier est de s'accoutumer à ne point parler, même dans le commerce ordinaire du monde, sans avoir une idée claire de ce qu'il dit, & sans être attentif à l'exprimer exactement. Rien n'est plus ordinaire que de voir des hommes de tout âge parler avant que d'avoir pensé, & manquer du talent le plus nécessaire de tous, qui est de savoir dire en effet ce qu'ils veulent dire. Le seul moyen d'éviter un si grand défaut, est de prendre dans la jeunesse l'habitude de ne dire que ce que l'on conçoit, & de le dire de la maniere la plus propre à le faire concevoir aux autres. On apprendra par-là à parler toujours juste, & à prévenir une certaine précipitation qui confond les idées, & qui est la source de tous les paradoxes & de toutes les disputes que la conversation fait naître entre des gens qui ne se battent que parce qu'ils ne s'entendent pas les uns les autres.

Le second est de ne pas croire qu'il ne faille s'expliquer correctement que quand on parle en public. La facilité de le faire dans un grand auditoire, sans le secours de la mémoire, ne s'acquiert parfaitement qu'en s'accoutumant, dans les conversations les plus communes, à suivre exactement les regles de la langue, à ne se permettre aucune faute, aucune expression mauvaise ou impropre, & à se réformer même sur le champ lorsqu'il en échappe. Parler correctement, parler proprement, c'est l'ouvrage de l'habitude; & l'habitude ne se forme que par des actes réitérés & presque continuels.

Je desire donc à notre jeune orateur sur ce point, comme sur tous les autres, le don de la persévérance; & il méritera de l'obtenir, s'il s'applique à s'instruire par principe de devoir, & sur-tout dans cet esprit de religion qui doit animer tous nos travaux, qui en adoucit la peine, & qui peut seul les rendre véritablement utiles.

FIN.

Le Privilege se trouve aux Œuvres de d'Aguesseau,

www.ingramcontent.com/pod-product-compliance
Ingram Content Group UK Ltd.
Pitfield, Milton Keynes, MK11 3LW, UK
UKHW012153240726
13966UKWH00002B/312